第1辑

中国改革开放与发展实践丛书

义乌商贸城改革开放与发展实践

曹荣庆　冯潮前◎编著

辽宁教育出版社

图书在版编目（CIP）数据

义乌商贸城改革开放与发展实践 / 曹荣庆，冯潮前编著. —沈阳：辽宁教育出版社，2016. 12
（中国改革开放与发展实践丛书 / 刘鸿武主编）
ISBN 978-7-5549-1535-6

Ⅰ. ①义…　Ⅱ. ①曹…　②冯…　Ⅲ. ①贸易市场—经济改革—研究—义乌　②贸易市场—经济发展—研究—义乌　Ⅳ. ①F727.553

中国版本图书馆CIP数据核字（2016）第290387号

出 版 者：辽宁教育出版社
发 行 者：辽宁教育出版社
（地址：沈阳市和平区十一纬路25号　邮编：110003）
印 刷 者：鞍山市天和文化产业有限公司
幅面尺寸：147mm × 210mm
印　　张：7
字　　数：150千字
印　　数：1~5000册
出版时间：2016年12月第1版
印刷时间：2016年12月第1次印刷
总 策 划：刘国玉
责任编辑：张　领　工　宾
装帧设计：琥珀视觉
责任校对：刘　璪　王　静
书　　号：ISBN 978-7-5549-1535-6

定　　价：30.00元

总　序

自20世纪80年代初实施改革开放政策以来，中国社会发生了巨大的变化，其间所逐渐呈现出的中国经验、知识、思想和智慧，正日益引起外部世界特别是广大发展中国家的关注。如何从全球视野将中国不同领域的改革开放政策与发展实践加以认真梳理和总结，如何将中国的本土经验与实践话语转换成可以为世界所理解和接受的国际知识与话语形态，从而提升国家的软实力，提高中国文化的国际影响力，日益成为今日之学术界需要面对的时代责任。

浙江师范大学非洲研究院是中国高校首个综合性、实体性的学术机构和思想智库。建院以来，秉持“非洲情怀、中国特色、全球视野”的治学理念，以“非洲发展问题”和“中非合作关系”为主攻方向，富有学术担当精神，专注非洲研究，取得了一系列的学术成果，在国内外产生了广泛影响。外交部曾致函称：“非洲研究院有效带动了国内对非研究发展和人才队伍建设，为促进中非人文交流做出了积极贡献”。

据我驻非洲使馆的反映和国内学者调研的情况，近年来非洲各国非常希望了解中国改革开放以来的发展经验和成就，他们认为中国的发展道路、发展经验具有“鲜活”的价值意义，值得学习和借鉴。但目前针对非洲读者需要的介绍中国改革开放以来的国情读物，却十分缺乏。国内许多机构在接待非洲友人、举办各种交流和人员培训时，也没有类似的读物和教材。国家相关部委如外交部、商务部、教育部、文化部的涉外部门等也均有同感。《中国改革开放与发展实践》丛书正是适应国家“一带一路”发展战略，响应“讲好中国故事”的要求而创作的一套针对非洲等广大发展中国家读者的中国国情文丛。

丛书由浙江师范大学非洲研究院、社科处等协同组织校内外各学科领域专家编写，由辽宁教育出版社负责中文版的出版。丛书第一辑共有十本，涵盖文化产业、教育、反贫困、交通和基础设施、旅游经济、民企改革等领域。丛书编纂过程中，我们努力遵循务实、朴实、实用的原则，突出以下特点和要求：一是系统性与客观性。丛书内容取舍应紧扣中国发展成就与特色，努力做到系统、全面、客观，层次清楚，逻辑严谨，表述准确；二是针对性与实用性。丛书主要针对非洲等国家的现实需要与国情民状，力求文风朴实，平等亲切，通俗易懂，形式活泼，图文并茂；三是新颖性与生动性。要求能将同行、同领域的最新成果吸收进来，用生动的事例、数字、图表、图像呈现给读者。但是，中国改革开放三十多年的发展经验十分丰富，任何一方面都很难言尽，加之受篇幅的限制，难免“有失偏颇”，只能“择其要者而为之”。加之水平有限，定有诸多不当之处，恳请广大读者提出宝贵意见。

浙江师范大学非洲研究院对本丛书出版给予了经费支持，辽宁教育出版社在出版过程中也做了大量工作，出版社的编辑王宾老师付出了辛勤劳动，在此表示衷心感谢！

本丛书可以供国内各部委、高校和培训机构用于对非人力资源培训的教材和参考读物，也可供我驻外使馆和孔子学院等文化机构推广使用，还可作为非洲来华留学生进一步了解中国文化和中国改革政策与发展经验的通识读物。

教育部长江学者特聘教授
浙江师范大学非洲研究院院长　刘鸿武
2016年11月

序 言

FOREWORD

“不喜欢义乌。”

就像上次到义乌去讲课，在和一个也门的学生享用了阿拉伯特色的晚餐之后，另一个义乌籍的学生送我上了环城路，原以为可以轻松地拐向金义东路，却不料应该拐弯的路口拦着挡板，于是索性往前开，在可以掉头的地方掉头，可是另一边拐向金义东路的地方也拦着塑料挡板，来来回回开了两圈之后还是拐不到金义东路上去，最后只能根据直觉往前开，稀里糊涂地绕上另一条回到金华的公路。

这就是义乌。一个永远都在变化着的城市，每一次来总是有一些事情和人让人感到困惑，也总是有一些事情和人让人感到激奋，N多的人在这种困惑与激奋的交织中前行，逐渐地汇成一股浩浩荡荡的洪流，尽管眼前充满了各种各样的困难和矛盾，但是永远有一个坚定的声音，引导一股坚定的力量奔向前方。

或许正是这种永远的坚定的changing，引导着义乌从30多年前一个贫困的内陆小县成长为今天可以傲视群雄的县域经济体。作为一个观察者，我们在这里梳理了过去的30多年时间里义乌所经历的各种各样的人和事，用原始的材料和声音，分析这股洪流中的浪花和旋涡，尝试着说明这其中的人和事情的来龙去脉，希望能够给更多的人某种启示。

义乌这种永远的changing，总是给很多人造成很多的困惑，哪怕居住经年，你也很难获得某种“确定性”，仍然要面临一系列的不确定，但是这正是一个以市场著名的城市最为宝贵的资源，因为这种changing，才使市场得以不断地创造各种奇迹。而这正是每一个与义乌有关的人对义乌不喜欢中隐藏着更加深重的喜欢的地方。

目 录

CENTENTS

第一章

傲骄的义乌

作为中国市场经济体制改革开放30多年来最伟大的具体成果之一，义乌国际商贸城的形成与发展不仅在很大程度上带动了周边区域的经济发展和社会进步，更加重要的是为探索独具中国特色的社会主义市场经济制度提供了一个鲜活生动的案例。对个中经验教训的总结归纳，特别是对其辐射作用及其机制的融合与提升，不仅具有中国范围内的模仿和学习价值，更具有全球性的价值和意义。

在义乌所在的浙江省金华市①，流行着一句顺口溜：义乌是全世界的，温州是全中国的，杭州是浙江省的，金华是婺城区的。尽管这是一句具有很大玩笑性质的说法，但是也在很大程度上说明了义乌所具有的世界性影响。确实，在中国的贸易人群中，可能有人不知道浙江省，也可能有人不知道杭州市，更可能有人不知道金华市，但每一个人都会知道义乌，知道这个世界贸易的“圣地”。而这，正是引致义乌可以任性傲骄的一个根源。

①在中国的行政体系中，义乌是一个县级市，在行政关系上隶属于金华市（地级市，尽管经过十几年来的“扩权强县”改革，金华市已经基本上不存在对义乌市的管辖权了。但在中国的另外一些省份，地级市仍然在某种程度上掌握着对县级市的管辖权），金华市又隶属于浙江省。

一、傲骄的义乌

浙江省统计部门公布了2014年全省61个县（市、区）主要经济指标排序，义乌夺得全部68项指标中的10个“冠军”。同时，义乌还有5项指标获“亚军”，6项指标获“季军”。

（一）10个“冠军”含金量有多高

1. 建成区面积

统计数据显示，2015年底，义乌共有户籍人口76.66万人，行政区域土地面积1105 平方千米，其中建成区面积为102平方千米。建成区面积比排名第二的萧山区多19.73平方千米，已经超过国内许多地级城市的建成区面积。

2. 第三产业比重

义乌为59.74%。位居第二的是嵊泗县，为58.68%。

3. 人均储蓄余额

义乌为152005元。位居第二的是萧山区，为95990元。永康排在第八位，为78327元。

4. 私人汽车拥有量

义乌为334904辆。排名第二的萧山区为312984辆，永康以189428辆排名第九位，东阳以145052辆排名第十二位。

5. 每万人私人汽车拥有量

义乌达4369辆。比排名最后一名的嵊泗县（276辆）多出近16倍。值得一提的是，此项指标的“亚军”被永康夺得，为3202辆。

6. 电信业务收入

义乌为250806万元。排在第二的萧山区为216689万元。永康以93866万元排在第16位，东阳以91955万元处在17位。

7. 每百户电话拥有量

义乌为948部。排在第二的余杭区为880部。此项中的电话拥有量包括固定电话和移动电话。永康、浦江、武义、东阳分别以667部、467部、450部和448部名列第10位、第21位、第25位和第26位。

8. 货物出口额（海关数）

义乌为2370934万美元，比排名第二的宁波鄞州区多出1163608万美元。永康以489665万美元位居第10位，武义以256619万美元位居第18位。

9. 自营出口占GDP比重

义乌为149.92%，比排名第二的武义（80.72%）高出约69个百分点。永康获得该项“季军”，为65.46%；绍兴柯桥区位居第四，为59.39%。

10. 城镇常住居民人均可支配收入

义乌为51899元。排名第二的是玉环县，为47761元。永康以39432元排在第25位。

（二）“第一梯队”的义乌名次还有哪些

除了10个“冠军”，义乌还有多项指标排序进入“第一梯队”。其中：

——年末，金融机构人民币各项存款余额，义乌达到了2347.36亿元，排名第二。名列第一的萧山区是3039.38亿元。

——居民储蓄存款余额，义乌以1165.27亿元位居第二。位居第一的是萧山区，1205.05亿元。

——年末，金融机构各项贷款余额，义乌排第二，为1930.38亿元。排在第一的是萧山区，2732.19亿元。

——每百户民用汽车拥有量，义乌排第二，为104.61辆。排在第一的是余杭区，109.88辆。永康排在第四，88.98辆。

——移动电话年末用户数，义乌为278.25万户，排在第二位，比排名第一的慈溪市少7.48万户。

——第三产业增加值，义乌为580.34亿元，名列第三。第一为萧山区，737.77亿元。

——固定电话年末用户数，义乌为43.20万户，排第三位，比排名第一的萧山区市少18.37万户。

——社会消费品零售总额，义乌为466.58亿元，居第三位。萧山区排名第一，为515.65亿元，慈溪市以484.86亿元位居第二。

——第三产业投资（不含房地产），义乌以206.21亿元，居第三位。余杭区以300.44亿元摘得冠军。

——每万人中学生数，义乌为595人，排名第三。排在第一位的诸暨市为710人，排在第二的绍兴柯桥区为644人。永康市以525人位居第五，东阳市以507人居第七位。

——每千人医生数，义乌为3.40人，排名第三。第一是柯桥区，3.57人。第二是鄞州区，3.55人。永康以2.84人位居第六，浦江、东阳分别以2.73人和2.70人位居第八位、十一位。

（三）义乌也有排名较靠后的

——第一产业比重，义乌仅为2.18%，排在倒数第二。排在倒数第一的则是永康，比重为1.91%。

——每个教师负担学生数，义乌为18.44人，排在最后一位，这主要是因为义乌有大量涌入的外来建设人员子女。排在第一位的是嵊泗县，为9.92人。

——每万人拥有福利院床位数，义乌排在第56位，是2.61张。排在第一位的是瑞安市，为128.71张。

二、浙江首次公布30强县（市、区）

2016年5月9日，浙江省发改委下属的浙江省经济信息中心首次发布“2015年浙江省县（市、区）经济竞争力、发展潜力和创新力30强”。

表1-1　2015年浙江省县（市、区）经济竞争力、发展潜力和创新力30强

排名	经济竞争力		经济发展潜力		经济创新力	
	地名	得分	地名	得分	地名	得分
1	滨江区	85.50	滨江区	80.32	滨江区	94.27
2	萧山区	81.38	余杭区	76.70	鄞州区	81.35
3	鄞州区	79.28	鄞州区	76.48	余杭区	79.43
4	西湖区	78.57	诸暨市	76.39	慈溪区	76.65
5	余杭区	78.40	北仑区	76.23	萧山区	76.27
6	下城区	77.88	萧山区	76.18	西湖区	74.13
7	北仑区	77.86	定海区	75.69	北仑区	73.47
8	上城区	77.09	海宁市	75.40	诸暨市	73.33
9	江干区	76.96	上虞区	75.186	海宁市	72.80
10	柯桥区	76.89	秀州区	75.184	余姚市	72.74
11	慈溪区	76.31	西湖区	75.17	义乌市	72.05
12	江东区	75.90	越城区	75.08	江干区	71.48
13	义乌市	75.57	上城区	74.95	桐乡市	71.25
14	诸暨市	75.55	吴兴区	74.91	永康市	71.13
15	拱墅区	75.34	柯桥区	74.56	乐清市	71.10
16	海曙区	75.31	义乌市	74.36	柯桥区	70.97
17	余姚市	74.74	慈溪市	74.34	瑞安市	69.58
18	镇海区	74.40	龙湾区	74.04	富阳区	69.57
19	江北区	74.31	拱墅区	73.91	上虞区	69.44
20	乐清市	74.13	江东区	73.74	南湖区	69.35
21	海宁市	74.12	婺城区	73.57	江北区	69.25
22	定海区	73.86	东阳市	73.44	拱墅区	69.00
23	富阳区	73.52	江干区	73.43	嘉善县	68.89
24	龙湾区	73.28	普陀区	73.35	下城区	68.84
25	上虞区	73.15	新昌县	73.191	临安市	68.74
26	椒江区	73.11	嵊州市	73.189	秀州区	68.71

续表

排名	经济竞争力		经济发展潜力		经济创新力	
	地名	得分	地名	得分	地名	得分
27	桐乡市	72.99	下城区	73.13	温岭市	68.65
28	越城区	72.87	岱山县	73.12	新昌县	68.50
29	温岭市	72.69	江北区	72.86	海盐县	68.46
30	平湖市	72.54	平湖市	72.85	东阳市	68.42

注：（1）竞争力指标体系包括经济规模竞争力、经济结构竞争力、产业升级竞争力、质量效益竞争力、基础设施竞争力、居民收入竞争力、公共财政竞争力、资本要素竞争力、人才要素竞争力、信息要素竞争力、资源环境竞争力等11个方面的24项指标。

（2）潜力指标体系包括经济增长指数、供给潜力指数、研发能力指数、园区集聚指数、空间区位指数、交通通达指数、环境治理指数、资源利用指数等8个方面的22项指标。

（3）创新力指标体系包括创新环境指数、大众创业指数、模式创新指数、创新投入指数、创新产出指数5个方面的14项指标。

众所周知，浙江省有11个地级市、32个市辖区、22个县级市、35个县和1个自治县，总共有90个县市区。在这90个县市区中，义乌的竞争力排在第13位（前14.44%）；潜力排在第16位（前17.77%）；创新力排在第11位（前12.22%），总体上来说，义乌的经济社会发展都在浙江省的前20%之内，甚至接近于前10%的行列。所有这一切，都可以归结为国际商贸城的发展而带来的结果。

图1-1　义乌市的夜景

三、浙江省的“11+1”行政管理模式

从2010年开始，浙江省的政府部门在给地级市发通知时，11个地级市的后面总是再加上一个县级市义乌的名字。数百项经济和社会行政审批的项目，已经下放或者委托给义乌，绝大多数已不需要再通过行政管辖它们的金华市，义乌成为“中国权力最大的县”。这就是浙江的“11+1”模式，省级计划中将义乌与地级市并列。

义乌之所以要扩权，其根源在于两个说法：一是“脚大鞋子小”；二是“馒头比蒸笼大”，这说的是义乌的发展太快，原本的管理体制已经束缚了义乌的发展。如：义乌常驻外商就有10000多名，原来来华签证必须去金华市、杭州市办，来来往往很花费时间。另

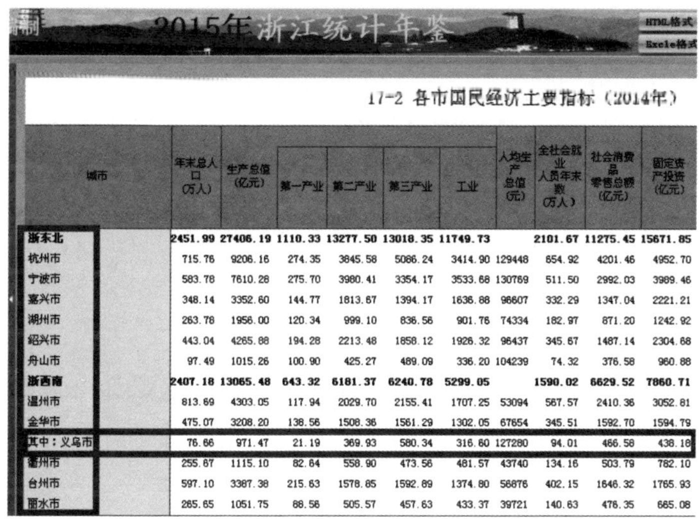

2015年浙江统计年鉴

HTML格式 Excel格式

17-2 各市国民经济主要指标（2014年）

城市	年末总人口（万人）	生产总值（亿元）	第一产业	第二产业	第三产业	工业	人均生产总值（元）	全社会就业人员年末数（万人）	社会消费品零售总额（亿元）	固定资产投资（亿元）
浙东北	**2451.99**	**27406.19**	**1110.33**	**13277.50**	**13018.35**	**11749.73**		**2101.67**	**11275.45**	**15671.85**
杭州市	715.76	9206.16	274.35	3845.58	5086.24	3414.90	129448	654.92	4201.46	4952.70
宁波市	583.78	7610.28	275.70	3980.41	3354.17	3533.68	130769	511.50	2992.03	3989.46
嘉兴市	348.14	3352.60	144.77	1813.67	1394.17	1636.88	96607	332.29	1347.04	2221.21
湖州市	263.78	1956.00	120.34	999.10	836.56	901.76	74334	182.97	871.20	1242.92
绍兴市	443.04	4265.88	194.28	2213.48	1858.12	1926.32	96437	345.67	1487.14	2304.68
舟山市	97.49	1015.26	100.90	425.27	489.09	336.20	104239	74.32	376.58	960.88
浙西南	**2407.18**	**13065.48**	**643.32**	**6181.37**	**6240.78**	**5299.05**		**1590.02**	**6629.52**	**7860.71**
温州市	813.69	4303.05	117.94	2029.70	2155.41	1707.25	53094	567.57	2410.36	3052.81
金华市	475.07	3208.20	138.56	1508.36	1561.29	1302.05	67654	345.51	1592.70	1594.79
其中：义乌市	76.66	971.47	21.19	369.93	580.34	316.60	127280	94.01	466.58	438.18
衢州市	255.67	1115.10	82.64	558.90	473.56	481.57	43740	134.16	503.79	782.10
台州市	597.10	3387.38	215.63	1578.85	1592.89	1374.80	56876	402.15	1646.32	1765.93
丽水市	265.65	1051.75	88.56	505.57	457.63	433.37	39721	140.63	476.35	665.08

图1-2　统计年鉴中的浙江省“11+1”模式

外，按照规划，作为县级市的义乌开发区的道路只能做到15米宽，而跟义乌对接的省级道路是50米宽。除此之外，用电指标、用地指标、信贷指标都无法跟上义乌的经济发展形势。

中国的轻工小商品有很大一部分是从义乌销往国外的，每年都有40万个集装箱出口，但却只有一个海关办事处。如果有了地级市这个权限，那么设立海关就比较顺利了。还有，进出口检验检疫、外汇管理等机构的设置都与义乌的经济发展不配套。

再比如金融，义乌2015年金融机构存款余额达到了586.2亿元。但按照扩权前的金融制度，义乌不能设立银行分行，很多商业银行要先在金华设立金华支行才能踏进义乌金融界，这个“拦路虎”让银行老总们对进驻义乌面有难色，而且这也不方便义乌企业的融资。

这种类似的麻烦，在经济发达的浙江随处可见。高度发达的民营经济和县域经济，使得浙江一些县或者镇的经济甚至远远超出一个市的经济总量。

正是在这个大背景下，浙江很早就启动了强县扩权的改革。2006年11月，浙江启动第四轮强县扩权试点。这一次，义乌成为主角，因为这次扩权只针对义乌，赋予义乌市与设区市同等的经济社会管理权限；推动义乌优化机构设置和人员配置。通过扩权，义乌已基本上具备了地级市政府所具有的权限，现在义乌的书记和市长也是副厅级，属于省直管干部。

扩权带来最直接的好处，就是审批环节的减少，办事效率的提高。

比如说，以前办签证要到杭州，现在义乌拥有办理外国人签证和居留许可等多项涉外权力。这些权力并非浙江省所有，而是2006年浙江单独给义乌扩权后，由外交部和公安部先后授予的权力。2008年，义乌共签发居留许可证和签证1.9万人次。直接带来的结果是：境外企业驻义乌办事处从2006年的不足600家猛增到2300多家。

扩权后，义乌市设立了海关、出入境检验检疫、外汇管理、股份制商业银行等相关分支机构，并赋予这些分支机构设区市或相当于设区市的职能。

四、诚信立市的义乌样本[①]

（一）“民无信不立，商无信不兴”

2016年5月16日，中宣部、中央文明办在义乌召开“建设核心价值 构建诚信社会”现场交流会。多年来，作为全球闻名的小商品集散地，义乌市通过诚信体系建设，已让诚信成为该市的金字招牌。

2015年7月，义乌市获批创建国家社会信用体系建设示范城市，成为唯一一个入选的县级市，这标志着义乌市信用体系建设工作迈上了一个新台阶。

2016年1月9日，义乌设立“诚信日”，自此，每年的1月9日将是义乌市的“诚信日”，寓意“一言九鼎”。

（二）诚信是义乌发展的生命线

义乌作为全国常驻外商最多的县级市，在2009年以前，外贸骗货逃匿案一度高发，这不仅严重干扰了其诚信交易秩序，还导致不少商户“谈外色变”。

商务部研究院国际市场研究部副主任白明对《中国城市报》记者指出，义乌企业众多，难免良莠不齐，为了维护市场秩序，在诚信方面要打好基础。

对此，浙江大学经济学院常务副院长黄先海表示赞同。他告诉

①张兴旺，康克佳，蒋守洋．诚信立市的义乌样本．中国城市报，2016-06-02.

《中国城市报》记者，义乌小商品市场在初期发展阶段出现过一些假冒伪劣商品，目前，诚信义乌已享誉海内外。

义乌是建设在市场上的城市。“义乌小商品市场发展30多年，同时期的很多市场消失了，义乌却能够不断壮大，说明诚信经营很重要。”“义乌购”总经理王建军对本报记者分析。

金华市委常委、义乌市委书记盛秋平在会议上做经验交流时表示，诚信，是义乌人流淌在血液里的固有基因，是义乌发展的生命线。过去，义乌“敲糖帮”“货郎担”走街串巷、鸡毛换糖，靠的是诚信；现在，义乌货达五洲、商通天下，靠的也是诚信；义乌能缔造“无中生有、莫名其妙、点石成金”的发展奇迹，成为全球最大的小商品交易市场，靠的更是众人撑起、掷地有声的诚信。经过多年的沉淀积累，诚信已经渗透到义乌的各个角落，成为义乌改革发展的一把“金钥匙”。

（三）在全国率先建立“诚信档案”

罗马城不是一日建成的，诚信城市也不是一天就打造出来的。早在2000年，义乌就开始将信用监管作为新型市场监管理念和方式进行长期探索和实践。

诚信是一个难以量化的名词，但在义乌小商品市场却是直观的数据。例如，义乌市在全国率先实施市场信用分类监管模式，并发布全国首个监测市场信用波动情况的指标——义乌市场信用指数。经营户的每一笔买卖都会被评价、分解和累计，构建起以信用指数、品牌培育、质量监测为链接，以知识产权保护、人民调解、合同履约、经营者自律机制为保障的信用监管大平台。这套模式推行以来，义乌市场经营户违法率下降了2/3，客商满意率达97%。

在义乌市市场监管局局长朱建富看来，十余年的探索成果，用一句话概括，就是“以市场信用分类监管平台为基础，信用指数、品牌培育、质量监测三大中心为链接，知识产权保护、人民调解、合同履约、经营者自律四大机制为保障的市场信用体系”。

针对外贸骗货逃匿案，2009年9月，义乌市公安局经侦大队与义乌商城集团合作开发了义乌国际贸易综合服务及经济案件预警平台。截至2016年5月初，该平台累计将义乌6万多家商铺、7000多家公司纳入诚信监管范围，累计收到失信举报3800多次，共为商户挽回直接经济损失2.06亿元。

诚信建设是义乌以及中国商贸经济向高端化和国际化发展的一个必经阶段。浙江大学经济学院常务副院长黄先海认为，在这个过程中，尤其要注重知识产权保护。

自2007年7月起，义乌法院知识产权庭成为浙江省首家开展知识产权民事、刑事、行政案件“三审合一”审判方式改革试点工作的法院。从2009年7月起，该院又成为全国首个试点审理部分专利纠纷案件的基层法院，可管辖诉讼请求或争议标的金额在人民币500万元以下的9类实用新型和外观设计专利纠纷案件。

（四）诚信制度吸引6万商家入驻

随着互联网经济兴起，诚信文化在电子商务中发挥着巨大作用。

“对一个城市来说，诚信很重要，‘义乌购’也非常重视商业诚信。”5月24日，“义乌购”总经理王建军在贵阳举办的“数博会”期间表示，一个地区的诚信基因能够推动商业发展。

“义乌购”依托于义乌实体市场，服务于市场。“有了义乌购后，诚信体系线上线下融合，进一步推动诚信体系建设。”王建军指出，“义乌购”除了将义乌市场搬上网之外，还建立了以网上营业执照为中心的诚信体系。

2015年3月，“义乌购”平台颁发全国首批网上商户营业执照。客商不仅可以在实体店铺看到各个经营户的信用商位评级，也可在“义乌购”平台上查询信用记录。同时，义乌在全市建立电商企业信用档案，对虚拟市场分类监管。“诚信制度能够吸引更多的买家和卖家，‘义乌购’有6万家商家入驻。”王建军说。

在义乌，不管线上线下，诚信记录互联互通，诚信交易保障体系可管、可控、可溯源。

第二章

义乌商贸城

义乌，特别是义乌商贸城总是给人以惊叹的感觉，甚至还有一些神秘。确实，作为一个给义乌及其周边区域带来巨大正效益的经济实体，认真地观察一下义乌商贸城，从上到下，由外而内，从表象到内涵，特别是对一些生活在义乌、贸易在义乌的个人的认识，可以帮助我们更好地认识和理解市场经济的一些基本规律。

一、世界的义乌

作为世界的义乌，作为世界贸易的"圣地"，义乌的辉煌是和其在全球贸易中的重要贡献紧密地联系在一起的。

根据最新的统计数据，在过去的2015年，义乌市的地区生产总值（GDP）突破千亿元大关，达1046亿元，同比增长9%，位居金华各县市首位，在省内17个经济强县中位居前列。

2015年，义乌居民人均可支配收入49351元，同比增长9.3%。

2015年，义乌服务业占比首次超过60%，经济结构更加优化。

2015年，义乌电子商务实现成交额1511亿元，同比增长31%。

2015年，义乌自营出口达338.6亿美元，同比增长42.8%。

2015年，义乌完成工业总产值1849.1亿元，同比增长3.0%。

2015年，义乌各类涉外机构已达5724家，其中外商投资合伙企业2551家，占全国75%。

2015年，义乌举办了丝绸之路经济带城市国际论坛、第四届中非民间论坛、第十七届中日韩友好城市交流大会、中国—北欧青年领军者论坛等一系列大型国际性会议。

到2015年，义乌已有常驻外商1.3万多人，年入境外商40多万人次。

义乌已与200多个国家和地区建立贸易往来，经济外向度高达65%，“买全球货，卖全球货”的国际化格局初步形成。

在义乌的这种国际化格局中，其对“一带一路”战略的积极推进作用是最典型的。“一带一路”是中共中央总书记习近平提出的一项国家战略。2014年9月26日，习近平总书记在会见来访的西班牙首相拉霍伊时说，当前，中欧货运班列发展势头良好，“义新欧”铁路计划从浙江义乌出发，抵达终点马德里，中方欢迎西方积极参与建设和运营，共同提升两国经贸合作水平。

在两千多年前，中国的古丝绸之路驼铃声声，架构起了当时全世界最为重要的国际贸易；两千年后，由义乌出发的“钢铁驼队”，再次踏上新丝绸之路。中国史上行程最长、途经城市和国家最多、境外铁路换轨次数最多的“义新欧”火车专列，从义乌首发，经新疆出境，途经哈萨克斯坦、俄罗斯、白俄罗斯、波兰、德国、法国6个国家，最终抵达西班牙，全程13050千米。

2016年1月22日，习近平总书记到访伊朗。6天后，从义乌铁路西站出发的火车班列就开往了伊朗德黑兰。这是义乌继中欧班列、中亚班列后，又一趟开向“一带一路”国家的新丝路“直通车”。

图2-1　义乌—德黑兰货运班列启程　葛跃进摄

另据统计，2015年，义乌累计发运中欧班列、中亚班列65列，进出口集装箱货物5242标准箱，同比增长69%，实现每周一列的常态化运行。

在国家“一带一路”大战略下，义乌斗志昂扬，不仅是“一带一路”的排头兵，更是“一带一路”的尖兵，排头兵可以有一批，但尖兵只有一个。而这种“一带一路”排头兵中的尖兵角色，非常典型地体现了义乌所具有的世界性。

二、义乌国际商贸城（空间坐落）

义乌国际商贸城坐落于义乌繁华的稠州路上，是义乌建设国际性商贸城市的标志性建筑及小商品市场的现代化延伸，现拥有营业面积400余万平方米，商位7万个，从业人员达20多万人，日客流量20多万人次。目前的年成交额超过600亿元人民币，是国际性的小商品流通、信息、展示中心，是中国最大的小商品出口基地之一。2005年被联合国、世界银行与摩根士丹利等权威机构称为“全球最大的小商品批发市场”。义乌国际商贸城主要由国际商贸城、篁园市场、宾王市场三个批发市场簇群组成，规模宏大。

义乌国际商贸城是一个集现代化、国际化、信息化于一体的商品交易市场。自开业以来，一是实现了由传统贸易向以商品展示、洽谈、接单和电子商务为主的现代化经营方式的转变，被国内外客商誉为“永不落幕的博览会”；二是实现了国际贸易超过国内贸易的转变，每天客商达4万人次，外商达5000人次，商品外贸出口率达60%以上，90%以上商位承接外贸业务，商品销往140多个国家和地区；三是实现了市场硬件的智能化，整个市场人流、物流、信息流畅通，场内安装电梯、自动扶梯37座，汽车可直上二、三、四层。市场内安装了13000多个宽带网络接口，每个商位都可上网交易和查阅信息。

图2-2 义乌国际商贸城空间模型图

中国义乌国际商贸城配套设施完善、环境优美、服务功能强大。市场设有中央空调、货梯、电梯、内高架桥、大型停车场等设施，汽车可直接进入市场各楼层，并配备了专业的外商服务中心，采购商经营区和信息化管理系统。市场建有大型全彩信息屏，单、双色信息显示屏，广播系统，数字信息网站。同时，融入多元人性化设计元素，引进开设了餐饮美食、电讯服务、中庭休闲、交通运输、金融等服务，是一个集购物、旅游为一体的国际性商业平台。

义乌国际商贸城是一个巨型的市场复合体。总体上来说，它由宾王市场、篁园市场和国际商贸城三大部分组成。

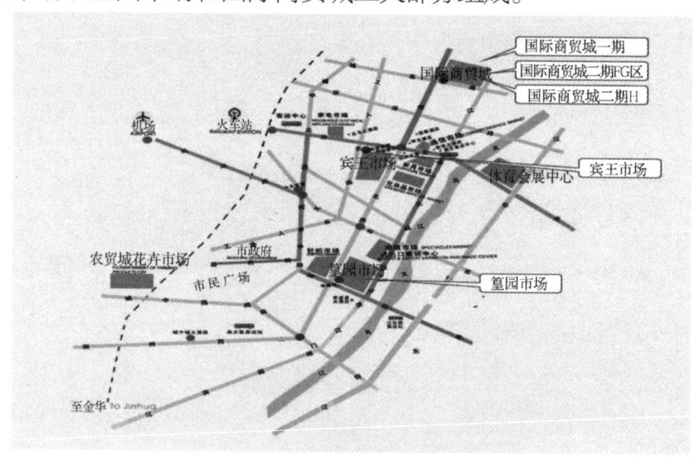

图2-3　义乌国际商贸城的空间坐落

（一）宾王市场

1995年11月29日建成开业，为中国小商品城的三大主体市场群之一，占地面积14万平方米，建筑面积32万平方米，由5个交易区块、国际贸易中心和义乌数码城7个部分组成。拥有商位5700余个，经营主体1万余人，主营服装、针织内衣、皮革、纺织品、床上用品、衬衫、出版物和数码产品8个行业商品。

（二）篁园服装市场

地处义乌最为繁华的绣湖商圈，市场总占地7.8万平方米，总建筑面积42万余平方米，总投资14亿元，于2011年4月投入使用。

篁园服装市场定位为专业服装市场，1~5楼布局男装、皮装；女装；童装；牛仔裤；睡衣、羊毛衫、运动服、衬衫共5个经营类别。

义乌篁园服装市场除了经营区，还有四星级商务宾馆。市场主体部分有地上8层，除第6层用于餐饮、停车及辅助办公与商品展示外，其余全部为经营区。

图2-4　义乌国际商贸城空间鸟瞰图

（三）国际商贸城

义乌国际商贸城又可以分四个区域。

一区市场于2001年10月奠基，2002年10月22日正式投入运营。市场占地28万平方米，建筑面积34万平方米，总投资7亿元，分为主体市场、生产企业直销中心、商品采购中心、仓储中心、餐饮中心五大经营区，共有商位10000余个，经营户10500余户。一楼经营花类、玩具；二楼经营饰品；三楼经营工艺礼品；四楼开办了中小生产企业直销中心、台商馆，东铺房为外贸企业采购服务中心。

二区市场于2004年10月22日开业，市场占地32.2万平方米，建筑面积60余万平方米，拥有商位8000余个，经营户逾万个。一楼经营箱包、伞具、雨披·袋；二楼经营五金工具·配件、电工产品、锁具、车类；三楼经营五金厨卫、小家电、电讯器材、电子仪器仪表、钟表等；四楼设生产企业直销中心及香港馆、韩商馆、四川馆、安徽馆、江西九江馆、新疆和田馆等精品交易区；五楼设外贸采购服务中心；市场中央大厅二、三楼设旅游购物中心、中国小商品城发展历史陈列馆。东辅房配套有工商、税务、派出所、银行、餐饮、物流、邮政、电信等职能和服务机构。市场配套有商务楼、写字楼、四星级酒店及东、西两个广场，开通环线观光旅游车。2005年市场通过了ISO9001质量管理体系认证、ISO14001环境管理体系认证，并通过了国家“AAAA”级旅游景点评审。

三区市场建筑面积46万平方米，一至三层拥有14平方米标准商位6000余个，四至五层拥有80~100平方米商务商位600余个，50平方米以上展示厅650余个，经营户8000余户。四楼为生产企业直销中心，入场行业为文化用品、体育用品、化妆品、眼镜及服装辅料等行业。 市场内设有中央空调、宽带网络系统、网络电视、数据中心、消防安全监控中心。市场内人、货流畅通无阻，汽车可达各个楼层，设有多个地面停车场和屋顶停车场。现代物流、电子商务、国际贸易、金融服务，以及住宿、餐饮、娱乐等服务功能配套齐全。

四区市场是义乌中国小商品城第六代市场，该市场于2008年10月21日盛大开业，市场建筑面积达108万平方米，拥有商位16000个。市场一楼经营袜类；二楼经营日用百货、手套、帽类、针织；三楼经营鞋类、线带、花边、领带、毛线、毛巾；四楼经营文胸内衣、皮带、围巾。市场设有高架车道，各种车辆可直达市场各个楼层。市场泊位丰富，除大型地下停车场外，还有多个地面停车场和屋顶停车场。市场东西两侧为配套辅房，集成现代物流、电子商务、国际贸易、金融服务、餐饮服务等市场配套服务设施，还拥有4D影院、旅游购物等特色商业娱乐服务。中国义乌国际商贸城四区市场借鉴运用当前国际大型商业中心先进的设计理念，融多项高科技于一体，市场内设有中央空调、大型电子信息屏、宽带网络系统、液晶电视系统、太阳能发电设施、雨水回收器、自动天窗及平行扶梯等先进的高科技硬件设施，是国内科技含量最高、国际化水平最高的商品批发交易市场，同时也是义乌国际商贸城现代化的标志性建筑。

也正是因为市场建设的巨大成就，特别是因为市场建设而带动的经济发展和社会进步，义乌成了中国首个也是唯一一个在县级市国家级综合改革试点（国际贸易综合改革试点），先后被授予中国国家卫生城市、国家环保模范城市、中国优秀旅游城市、国家园林城市和浙江省文明示范市等荣誉称号。义乌国际商贸城被中国国家旅游局授予中国首个AAAA级购物旅游区。

三、义乌市场的小商品

按照义乌中国小商品城的官方说法，义乌国际商贸城这个“大森林”总共汇集了16个大类9105个子类170余万种单品；集聚了1.8万余件商标，800多件驰（著）名商标，6000余家总代理、总经销。

（一）义乌市场小商品的分类

义乌中国小商品城的主角当然是小商品。但是，我们到底应该如何来认识“小商品”呢？

图2-5　琳琅满目的义乌国际商贸城经营摊位

在某种角度上来说，分类是认识“小商品”的一个特别有利的角度，从“小商品指数”的分类中既可以帮助我们全面地认识“小商品”，也可以看出义乌这个“小商品海洋”绝非是浪得虚名。

义乌国际商贸城的商品分类可以概括为三级分类体系。在一级分类中，分为工艺品类；首饰类；玩具类；五金及电料类；电子电器类；钟表眼镜类；文化办公用品类；体育娱乐用品类；服装服饰类；鞋类；针、纺织品类；箱包类；护理及美容用品类；日用品类；辅料及包装类等15个大类。

在“工艺品类”中，又分为美术工艺品类；日用工艺品类；专用工艺品类；民俗工艺品类和其他工艺品类等5类二级分类。

在三级分类体系中，“美术工艺品类”分为雕塑类；框架类；书画类；沙画类；铁画类；版画类；平磨螺钿画类；仿真（微缩）类；景泰蓝类；人造植物类和其他类等11类美术工艺品。“日用工艺品类”分为日用器皿类；各种灯及灯饰类；各种架及笼类；各种烛台类；蜡烛类；各种工艺扇类；各种工艺伞类；各种屏风类；烟具及用品类；各种拐杖类；各种风铃类；各种挂件及摆件类和其他日用工艺品类等13类。“专用工艺品类”分为宗教用品类；喜庆用品类；圣诞用品类和其他专用工艺品类4类。“民俗工艺品类”分为民俗纸艺类；民俗布艺类；刺绣工艺品类；皮影类；民俗蜡染类；编结工艺品类；鼻烟壶类；套娃类和其他民俗工艺品类9类。以及最后一个“其他工艺品类”的分类。

当然，这只是15个一级分类中的一个大类，另外14个一级分类同样也有类似的二级分类和三级分类。如果把每一个一级分类比喻成一棵“商品树”，那么，义乌国际商贸城就是由这样的15棵“树”组成的一个“大森林”。

美术工艺品类

雕塑类美术工艺品　框架类美术工艺品　书画类美术工艺品　沙画类美术工艺品
铁画类美术工艺品　版画类美术工艺品　平磨螺钿画类美术工艺品
仿真（微缩）类美术工艺品　景泰蓝美术工艺品　人造植物类美术工艺品
其他美术工艺品

日用工艺品类

日用器皿　各种灯及灯饰　各种架及笼　各种烛台　蜡烛　各种工艺扇　各种工艺伞
各种屏风　烟具及用品　各种拐杖　各种风铃　各种挂件及摆件类　其他日用工艺品

专用工艺品类

宗教用品　喜庆用品　圣诞用品　其他专用工艺品

民俗工艺品类

民俗纸艺　民俗布艺　刺绣工艺品　皮影　民俗蜡染　编结工艺品类　鼻烟壶　套娃
其他民俗工艺品

其他工艺品类

其他工艺品类

图2-6　义乌国际商贸城官网关于“美术工艺品”的分类介绍

（二）义乌市场小商品的特点

从理论上来说，小商品是指那些生产点多面广、品种花样繁多、消费变化迅速、价值相对较低的小百货、小五金、某些日常生活用品以及部分文化用品等。

总的来说，所谓的“小商品”，都具有以下几个明显的特点。

一是东西“小”。因为小商品是日常生活中经常会用到的东西，因此通常都是比较小的，是绝大多数人不可缺少的。其一个可以量化的标准是：小商品就是50个人中每天至少有20人会用到的物品。比如说“袜子”，就是义乌比较具有典型性的小商品，也是义乌小商品经济的一个“代表”。

二是价格“低”。因为东西比较“小”，所以其价格一般也都比较低。也有一个参照标准：单件商品是以几元钱甚至几角钱计价的物品。事实上，即使物价已经暴涨的今天，义乌市场中，大部分商品仍然是以几元钱来计价的。比如说牛仔裤屁股上的那种缝纫印花，单件卖3.5元，5000件起批价格就降到1.2元。所以有一个流行的说法是：义乌市场中的商品价格，通常只有外地零售价格的1/10左右。

三是利润“薄”。因为东西“小”，价格又“低”，因此自然而然的一个结果是利润“薄”。义乌市场中的绝大部分商品，其单件的利润往往只是以分来计，甚至以零点几分来计算。甚至如“毛毯”这样的大件商品，如果是大客户和老客户，一条毛毯的利润只有一两角钱。

义乌小商品的这三个特点，比较典型地体现在一种特殊的小商品上：吸管。

在英文里，吸管和稻草是同一个词straw，不引人注目，用完即弃，利润也极其微薄。一般来说，一根吸管的售价在8厘钱左右，刨除原料成本50%，劳动力成本15%～20%，设备折旧、物流等费用20%多，最后的纯利润只有大约10%。也就是说，生产一根吸管只能赚到8毫钱，也就是0.0008元。

但是，出乎很多人意料之外的是，一根根小小的吸管，使双童

图2-7 楼促平和他的“双童”吸管王国

公司的年利润高达2000多万元，因为双童公司年生产各类塑料吸管就将近1万吨，有200多亿根，换句话说，全世界每人平均有3~4根。

四、占领电商制高点[①]

义乌以繁荣的市场和畅通的物流为基础，以成功的展会和广袤的平台为契机，孕育了极具地方特色的优越电商资源和肥沃的电商土壤。须臾之间，义乌跃居中国电商交易量第一大县，成为唯一获批创建国家电子商务示范城市的县级市，构建出“电商之都”的基本雏形。

① 参见“世界义商研究院”。

义乌，怎一个“快”字了得！在全国各地电商发展势头迅猛的时候，义乌却总是能以“义乌速度”快人一步，顺势而为。线上线下有机融合发展，打通电商生态产业链，掀起全民电商的热潮，最终把义乌建设成为全国网商集聚中心、全球网货营销中心和跨境电子商务高地。与此同时，它自成一派体系，将电商逐步融入正常的金融行为当中，成为若干个经济形态的一种，并同步进行着自我升级与行业自律，走出行业渐入成熟的铿锵足音。

（一）全球聚焦，提升义乌电商影响力

一场场覆盖全产业链的行业盛会，让全国乃至全世界的目光都聚焦在义乌这片土地上。各路电商大咖云集，全球知名电商平台汇聚，在这样的机遇下，义乌一次次完成了与全球资源的无缝对接，构筑起聚合电商行业资源、纵览国际电商理念的广阔平台。

抵达义乌火车站，沿出站口一路走过，你可以看到各种有关电商方面的官方或民间宣传海报，浓郁的电商创业气息扑面而来。大量的电商行业峰会及活动选择在义乌落户、扎根，化为义乌城市血液涌动的一股股热力。

在4月上旬召开的2016国际电子商务博览会和2016世界电商大会，更是义乌年度的电商大戏。据悉，截至目前，此次博览会已吸引美国、德国、加拿大、韩国等11个国家和国内15个省市的1185家企业报名，共计展位数2551个。其中包括谷歌、亚马逊、阿里巴巴、百度、京东商城等十多家全球排名前50的电商企业。

据招展负责人介绍，博览会经过两年的培育和发展，在业内的影响力不断提升，越来越多的电商企业愿意来义乌，使招展工作变得更为顺利。招展负责人说："梧桐自有凤来栖，招展进度比往年快了一个月，三成以上是回头客。"

值得一提的是，展会期间还将举办一些在业界颇具影响力的活动，包括2016世界电商大会、2016中国（义乌）电子商务人才节、2016中国电子商务创新规范发展高峰会、第八届中国通信营销（电视、网络、移动）行业年会、"创客我最型"第三季投融资对接会、敦煌网跨境论坛、亚马逊资源对接会、谷歌资源对接会、e模未来星总决赛等。点缀其间的电商活动，让义乌成为"电商不夜城"，让每一个身处其间的人真实体验到电商发展的蓬勃气势，以及无数电商人高涨的创业创新激情。

"义乌是一片热土，你能无形中感知到一股力量在推动着你的进步。"纪度韩妆创始人之一丁浩如是说，"周围环境的熏陶，同行之间互助、共享，尤其各色的行业峰会，总让我们这些电商从业者倍感贴心，方寸之地就能听到外面的声音，获悉国内外电商领域发展新成果、新技术，以及行业前瞻观点。诸如此类，让我们在前进中带着思考，在思考中不断前进。"

（二）众创多赢，完善电商生态产业链

有人说，义乌的核心竞争力是集聚了来自世界各地的日用消费品，但这不是全部。拥抱"互联网+"，义乌实现了线上线下的融合

发展，转身成为最大的网货供应基地之一。同时应时而为，孕育出了新颖、多样化的商业模式，由此逐渐打造出一个集信息技术、在线交易、物流配送、金融支付等在内的多领域城乡立体化的完整生态产业链，为传统企业转型和电商产业聚合起到了良好的支撑作用。

曾经，义乌以生产小商品闻名世界，是全球最大的小商品市场，有超过50万的采购商来此采购“中国制造”，20多万家的小企业通过义乌这个平台走向世界。无疑，义乌在实体市场上创造了奇迹。而快速崛起的义乌电商，离不开义乌传统实体市场的支持。在“电商换市”的时代洪流中，义乌又顺势而为，拥抱变化，以电商发展促进传统产业的转型升级，以优质全方位的配套服务及基础设施建设，构建起电商全域化发展格局，打通并延展了当地的电商产业链，生态圈日益完善。

（三）为什么选择在义乌？为什么选择在义乌做电商？

毫不夸张地说，因为在义乌，可以做到创业零成本，可以实现电商无断点。哪怕是刚毕业的大学生，也只需拿着一部手机就可以来义乌了。这里有充沛时新的货源，有前沿的行业资讯，有极畅通的物流，有周到的服务，如果是做网店，你只需线上接单，就可由对接的网货供应公司直接为你发货。在义乌涉足电商这一行业，你无须担忧“上下”不通，孤立无援，因为完备的产业链可以让你“借梯登高”“借船出海”，有效实现跨界合作、交互发展，获得专业化分工与合作的益处。

在这个“大众创业，万众创新”风云际会的时代，义乌投资80亿元开发建设占地44万平方米的国际电子商务城，集中布局电商企业和快递、仓储物流等配套服务体系。自2013年以来，义乌建成20个电商园区，1600家电商公司入驻，同时以《浙江省电子商务产业基地建设与经营规范》为标准，不断提升电商园品质，营造良好的环境，全力打造电商产业新高地以及大众创业新基地。

正如2010年创办义乌第一家电子商务产业园的淘哥电子商务产业园创办人龚建卫所言：“作为一个电商服务集成商，电商创业园已经不仅仅是创业者办公空间的承载场所，更是他们思想碰撞的集市，隔三岔五，大家集聚在众创咖啡馆，一起交流、探讨，让电商这条路走得更稳、更长，电商产业园实现了企业孵化、人才储备、税收、创新等各方多赢的局面。”

随着全球化进程的加快，义乌还为境外电商创业撑起了一片蓝天。

“义网通”跨境电子商务综合服务平台功能更为完善。开展跨境智能物流，充分展示义乌跨境电子商务出口数据；2015年获批开展省级跨境电商园区建设试点和公共海外仓建设试点；跨境电子商务监管中心启用，“9610”通关方式亦正式运营；B型保税物流中心正式运营，国际邮件互换局过渡工程已于2015年12月正式运营，日平均通关量突破20万件；国际陆港物流园区布局了邮政小包集货基地和国际邮件处理中心等物流项目；航空口岸也获得开放，为跨境电子商务发展提供了全面的发展平台。这些年来，义乌勇立潮头，一往无前，自我雕琢，自我完善，不断优化环境，为电商搭建起更好的发展平台，培育好创业创新的沃土，从而完成新常态下的自我升级，铸造经济增长新引擎。

我们可以看到，在义乌，电子商务产业链正以惊人的速度和质量进行着不断的细分和延伸，涌现出一批快递、金融、商务、培训、代运营、第三方仓储等衍生服务的企业。现全市已建成投用的20个电子商务园区总面积已超过100万平方米，电子商务园区—专业市场—专业楼宇—示范村平台体系已初步成形，规模快递企业134家、网拍店铺200余家，网络摄影师近千人，面积在500平方米以上的摄影机构近10家。

熟知这块土地的机理，义乌通过发扬自身优势，焕发出新的活力与生机，挺立在时代发展前沿。

五、义乌国际商贸城的区域作用

义乌国际商贸城的强势发展，不仅直接带动了义乌的经济社会发展，也在很大程度上辐射并影响了周边区域的经济发展和社会进步。

（一）富民强市，促进当地经济发展

义乌国际商贸城的强势发展，直接带动了义乌国民经济的良性

增长。2015年，义乌全市生产总值连续跨越四个“百亿元”台阶，达到1046亿元。

在工业总产值方面，2015年达到1849.1亿元，同比增长3.0%。新增省级工业设计中心3家，饰品行业列入全省21个产业集群转型升级试点，无缝内衣、化纤原材料等行业成为新的经济增长点。

在政府收入方面，2015年完成综合财政总收入128.3亿元，同比增长4.6%，其中财政一般预算收入79.25亿元、地方财政收入79.3亿元，均增长8.0%。

义乌市场发展带来的最典型的变化，是金融机构在义乌的巨大发展。据统计，在2015年年末，义乌全市金融机构的存款余额达到2445.1亿元、贷款总额达到2095.3亿元，分别比年初增加47.2亿元和148.4亿元。

2015年，义乌市人均生产总值达到136002元（按2015年平均汇率折算为21837美元），增长6.7%。城镇居民人均可支配收入达到56586元，农村居民人均可支配收入28433元，分别增长9.0%和9.5%。

（二）辐射带动，推动区域交流与合作

义乌国际商贸城具有超强的外溢性。这种外溢性首先表现在周边的金华、衢州、丽水三市及周边地区在内的浙江中西部地区，约占浙江省陆域面积的三分之一、人口的四分之一。与杭州、宁波、绍兴、嘉兴等浙江东北地区相比，该地区经济发展相对滞后（2007年人均GDP约为全省平均水平的65%），但土地、水、劳动力等资源要

素丰富，发展潜力巨大。对于浙江而言，加快中西部地区的发展，是贯彻落实党的十七大关于统筹区域发展要求，促进全省区域协调发展的难点、重点和潜力之所在。改革开放以后尤其是近年来，义乌小商品市场及其支柱产业对于促进整个浙江中西部地区的发展，发挥了重要的引领、辐射、带动作用。目前，浙江中西部地区已有十多个县（市、区）在义乌设立了办事处，义乌市场已成为这些地区众多中小企业开拓国内外市场的重要平台，如兰溪年产6亿条毛巾中，50%通过义乌市场销往全世界；衢州的蝴蝶结、小鸟笼、凉席、竹制工艺品、印油、印泥、印章、印台等大部分通过义乌走向国际市场；丽水年销售收入超6亿元，位居国内行业前三名的制笔业，约有一半产品是通过义乌销售的；龙泉宝剑通过义乌小商品市场销售的占总产量的三分之一。

此外，据义乌丽水商会的不完全统计，目前在义乌经商创业的丽水籍人士有近10万人，分布在200余家企业，涉及纺织、服饰、对外贸易、投资服务业等30多个行业。婺城区有4万多人、磐安县有3万多人围绕义乌小商品市场开展来料加工业。2012年，义乌市场为周边地区30万名群众提供来料加工业务，支付来料加工费超过90亿元。金东区三分之一的企业依托义乌小商品市场开展生产、销售活动，其金三角开发区所引进的企业中有三分之二的投资者来自义乌，其他投资者也以在义乌经商的企业主为多。浦江县县领导于2002年提出了“以大开放的胸怀坚定接轨义乌”的方针，甚至将原在本县举办的国家级的水晶和挂锁两个博览会，也搬到了义乌的中国义乌国际小商品博览会（以下简称“义博会”）上；在“接轨义乌、全面开放、兴工强县”的总体发展战略指导下，从2010年至2015年的6年间，全县GDP总量由130.69亿元猛增至196.6亿元；城镇居民年人均可支配收入从22992元上升到35468元，增长幅度均高于同期全省平均水平。

自2005年起，每年一届的“义博会”专门设立“山海协作专区”，为浙江中西部与义乌及浙江东部沿海发达地区开展经贸合作搭建重要平台。

诞生于义乌的本土银行——浙江稠州商业银行自2007年以来，相继设立了金华支行、永康支行、丽水分行、杭州分行，为上述地区提供更为便捷、完善的金融服务。此外，义乌还不断向浙江中西部各县（市、区）输出来料加工业务，如金华市为了借助义乌大市场的集聚力和辐射力，进一步推动经纪人与各大专业市场的有效对接，与劳动密集型企业的有效对接，与外贸出口、特别是手工艺品外贸渠道的有效对接，从而促进浙江省发达地区与欠发达地区的合作，实现更深层面的资源互补、优势共享和共赢发展。可见，义乌国际商贸城在实现自身快速发展提升的同时，也极大地带动了整个浙江中西部地区的发展，对于促进全省区域协调发展，做出了重要贡献。

义乌市场的外溢性也体现在对长三角区域经济一体化进程的推进上。目前，义乌依托全球最大的小商品批发市场，与长三角地区的许多市（县、区）都有着紧密的经贸、人员往来，形成了良好的分工协作关系。要素、产品等在义乌与长三角其他地区之间，或经由义乌小商品市场在长三角其他地区之间的流动，有助于打破区域间的隐形壁垒（主要指行政区划壁垒），依靠市场机制自身的力量，促进长三角地区要素市场和产品市场的一体化，为区域经济一体化创造前提条件和重要基础。同时，为义乌小商品市场与长三角其他地区之间的产业联动，提供了一条区域产业分工协作的新路径。它并非完全基于比较优势，而是通过大规模交易市场主导下的区域优势整合，从而有助于长三角区域发展，避免产业结构同质化所带来的尴尬，并推动产业结构和产业布局一体化。这是经济一体化中资源优化配置的实现形式和最终结果，也是长三角区域经济一体的关键点之一。此外，浙江中西部、浙南的温州等原来虽不被认为属于长三角区域，但因其与义乌有着紧密的经贸协作关系，从而借助义乌小商品市场这一桥梁，加快了融入步伐，真正成为长三角的重要组成部分。

义乌国际商贸城的市场外溢甚至已经扩展到了全国，依托义乌小商品市场开展来料加工引起了全国妇联领导和兄弟省（市、自治区）妇联的重视，被视为广大农村妇女脱贫致富奔小康的重要途径。2007年1月22日，在全国农村妇女“双学双比”领导小组工作会议上，全国人大常委会副委员长、全国妇联主席顾秀莲指出：“浙江省义乌市依托小商品市场优势，通过市场带百村，引导全市妇女从事来料加工，并辐射到全国十多个省市，带动63万妇女参与来料加工。”

这是对围绕义乌市场发展来料加工，搭建妇女致富平台的充分肯定。近些年来，义乌市对外输出来料加工业务量迅猛增长，据不完全统计，目前全国有北京、江西、安徽、江苏、河南等16个省（市、自治区）的100多万农村妇女在为义乌市场开展来料加工，每年从义乌市场领走的加工费达30多亿元。开展来料加工，从个人角度看，符合农村妇女既增收致富又可照顾家庭的愿望；从市场发展角度看，既满足了用工需求又没有增加厂房等成本投入；从社会发展角度看，开辟了农村妇女转移就业的一个新渠道，并传承了手工编织等技能，有效解决了农村留守妇女和有劳动能力老人的生产、生活问题，促进了社会整体的稳定与和谐。自2006年10月22日全国妇联在“义博会”期间举办“百万妇女闯市场，来料加工显身手”活动以后，慕名前来联系加工业务的客人络绎不绝，在义乌和各地妇联的组织下，目前已有十多个省市在义乌设立了承接来料加工业务的办事处。2007年9月25日，全国妇女“市场带千村”项目推进暨手工制品展在义乌国际商贸城市场隆重举行。此次活动的目的就是在市场、女经纪人和农村妇女之间搭建合作的桥梁，发展来料加工和手工编织项目，推进产品与营销的对接，带动农村妇女富余劳动力就地就业、增收致富。在此次会展和洽谈活动中，有来自全国31个省（市、自治区）的143名女经纪人骨干和企业家，带着各地的刺绣、缝纫、编织等26个大类5000多个花色品种的优秀手工制品参加了展示和商贸洽谈，共达成协议951个，意向资金9987.32余万元。

（三）人民幸福指数不断攀升

在义乌国际商贸城的直接作用下，2015年实现城镇居民人均可支配收入56586元，农村居民人均可支配收入28433元，分别增长9.0%和9.5%。城镇居民恩格尔系数为24.6%，农村居民恩格尔系数为33.4%。2015年年末，每百户城镇居民家庭汽车拥有量45辆，每百户农村居民家庭汽车拥有量21.8辆。2014年城镇居民人均住房面积 50.9平方米，农村人均住房面积60.3平方米。所有这些指标，都在很大程度上超出了全国的平均水平。

至2014年年底，全市职工基本医疗保险参保39.29万人；工伤保险参保41.4万人；失业保险参保16.37万人；生育保险参保19.04万人；新增被征地农民养老保险参保37183万人；2015年城乡居民医疗保险参保83万人；城乡居民养老保险参保64万人。全市低保对象3918人，全年共发放物价补贴129.7万元。城镇最低生活保障标准调至640元/月人，农村最低生活保障标准调至640元/月人，全年发放低保金2253.6万元。同时，加强住房保障，2015年新开工保障性安居工程住房5214套，基本建成保障房21273套，其中竣工9119套。

六、80天，1000万件包裹，飞到127个国家和地区[①]

2016年3月18日11时，随着杭州海关隶属义乌海关完成当天上午

① 金华行风热线，2016-03-19.

最后一批出境邮件的验核放行手续，义乌国际邮件互换局邮件通关总量正式突破了1000万件。

图2-8 义乌海关完成验核放行手续的出境邮件

义乌国际邮件互换局从2015年12月31日启动运营以来，虽然运营尚不满80天，但业务量却呈现出突飞猛进的态势，单日出口量从启动初期的每天7.3万件增长至目前的20万件左右，单日峰值达24.9万票。进入3月份以来，日平均通关量更是突破了20万件，日出境量相比初期增长了近1.7倍。出境目的地覆盖全球127个国家和地区，义乌邮路进一步拓宽。

义乌互换局启用之前，义乌地区的出境邮件需要到杭州互换局进行一次转关，才可转运至上海、杭州等航空口岸出境。目前，义乌邮件可以在本地完成海关监管手续，然后直接转运至各空运口岸出关，效率得到很大提升。“我们初步测算，义乌国际邮件互换局的启用，加上海关部门‘365日无休，货到24小时内办结海关手续’的政策支持，义乌本地的国际邮政包裹平均提速1.53天，邮路更加通畅了。”邮政速递义乌分公司国际邮件互换局现场负责人陈广梁说。

一方面要应对业务量的迅猛增长，一方面要发挥好义乌互换局作为跨境电子商务出口试点的作用，杭州海关在“管得住、通得快”上想了不少办法，做了很多新的尝试。以跨境电商出口包裹为例，杭州海关自2016年3月1日起在全国率先启动了跨境电子商务零售出口货物“清单申报、清单统计”试点，对不涉及出口征税、出口退税、许可证件管理且金额在人民币5000元以内的电子商务零售出口货物，按4位品目简化申报，不再需要汇总为报关单并按月向海关报关。截至2016年3月16日，义乌国际邮件互换局以“清单申报、清单统计”方式出口货物共14.80万票，货值647.7万元，受到广泛好评。

与此同时，义乌海关坚持“科技换人”，技术人员赴一线跟班作业，将技术与业务深度融合，实现了海关监管系统与邮政作业系统的无缝对接，在管得住的前提下，提高邮件通关效率。目前，义乌国际邮件互换局流水线自动分拣设备已经实现了自动按国别分类的功能，一小时最快分拣包裹达2万件，邮件监管效率大大提升。

随着义乌国际邮件互换局的启用，义乌及相关地区的进出境邮包在本地接受监管后可直接运输至杭州、上海等航空口岸，减少流转环节，降低企业成本，增加电商企业、寄递个人、邮政速递及海关之间的紧密联系。义乌的城市功能也得以进一步完善，为义乌实现打造“全球网货营销中心、全国电商集聚中心、跨境电商高地”的目标奠定了更加坚实的基础。

特别附注：据《金华日报》记者何百林报道，截至2016年5月29日，义乌海关累计监管出境邮件和跨境电商出口包裹2008.9万件，出境目的地覆盖全球127个国家和地区。

七、国际商贸城客商大数据①

（一）客商都喜欢去哪里

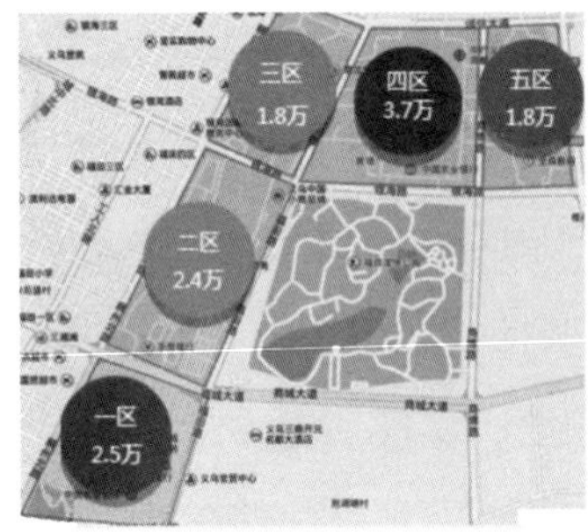

（二）客商都喜欢什么时间来

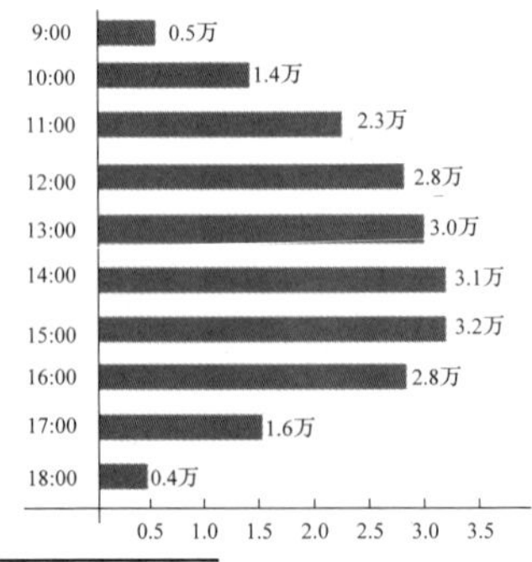

① 义乌移动大数据创作组.

（三）客商逗留多久

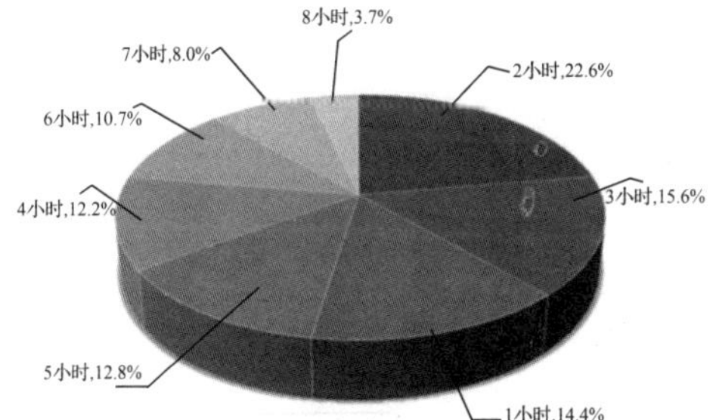

（四）外籍客商主要来自哪里

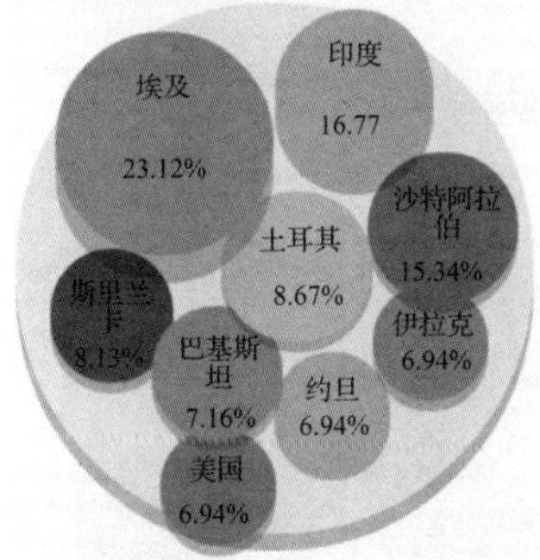

（五）外省客商主要来自哪里

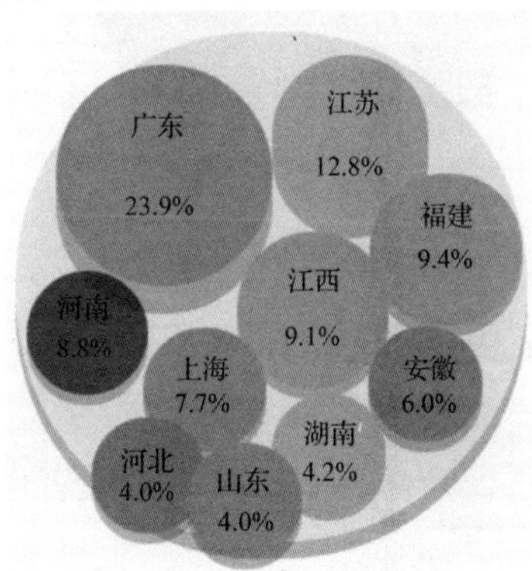

（六）省内外地客商主要来自哪里

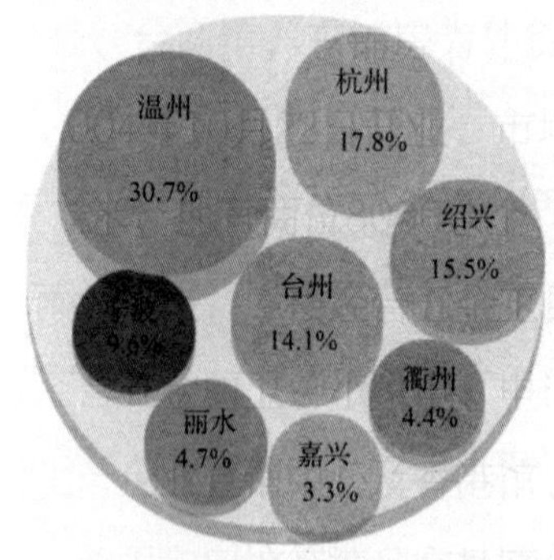

（七）客商的年龄结构

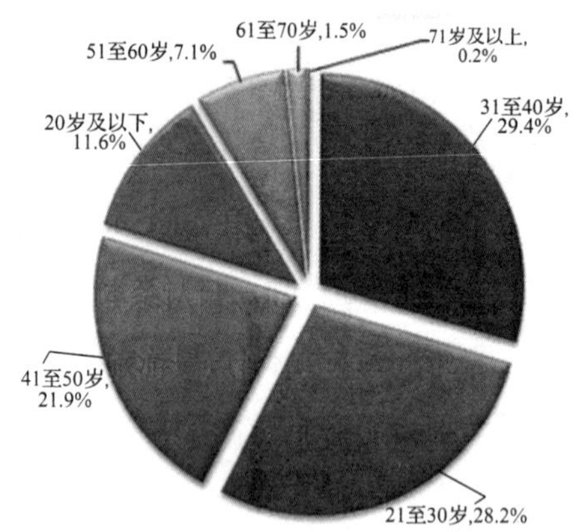

八、义乌春节外来人口的大数据[①]

今天是元宵节了，许许多多的外来建设者也都重新回到了义

① 爱义乌，2016-02-22.

乌，继续为义乌的快速发展尽着自己的一份力量。

那么，你是否知道，在我们义乌，从什么地方过来的建设者最多，他们又分别聚集在哪一块区域，年龄和性别分布又是怎么样的？近日，一份看点多多的义乌春节外来人口信息“大数据”发布，让我们透过这些数据，来看看义乌外来人口的分布情况。

（一）外来人口有多少

2016年正月头7天到达义乌的外来人口数量 （单位：万人）

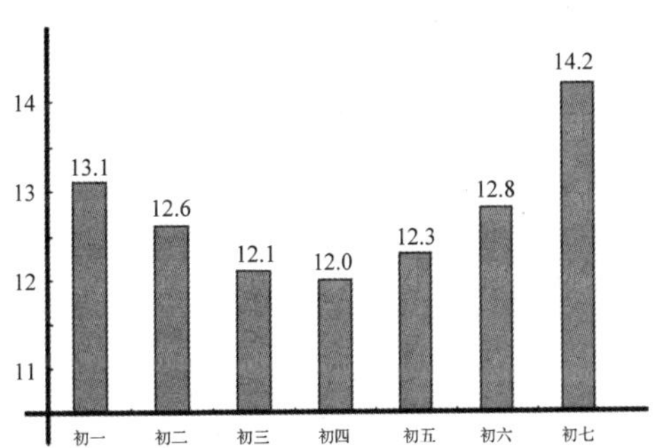

（二）省外外来人口来自哪里

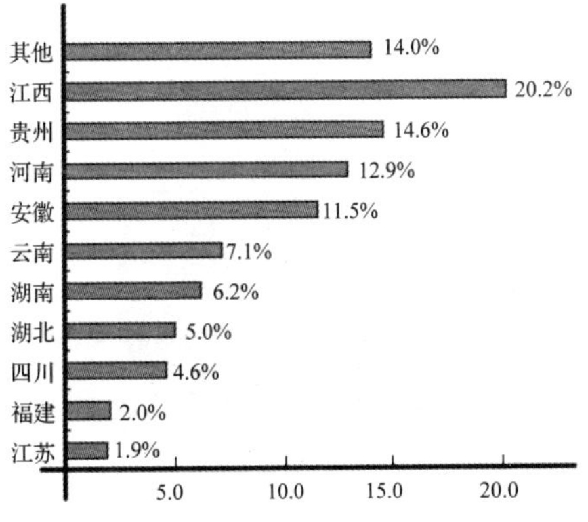

（三）省内外来人口来自哪里

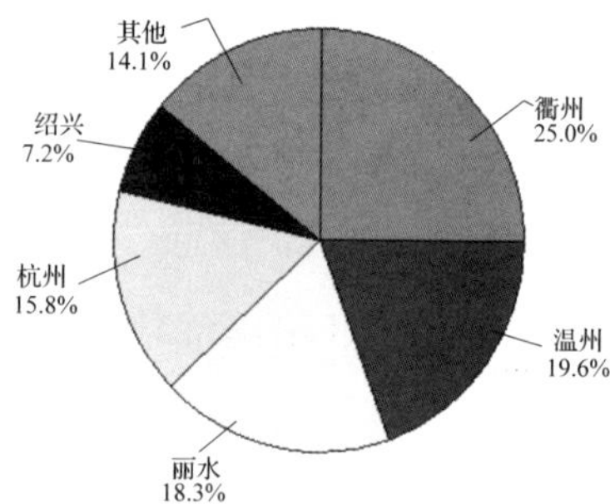

（四）外来人口都去哪了

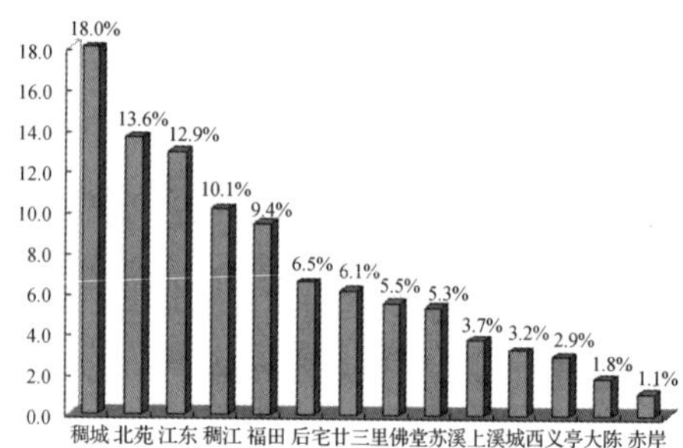

（五）外来人口的年龄结构

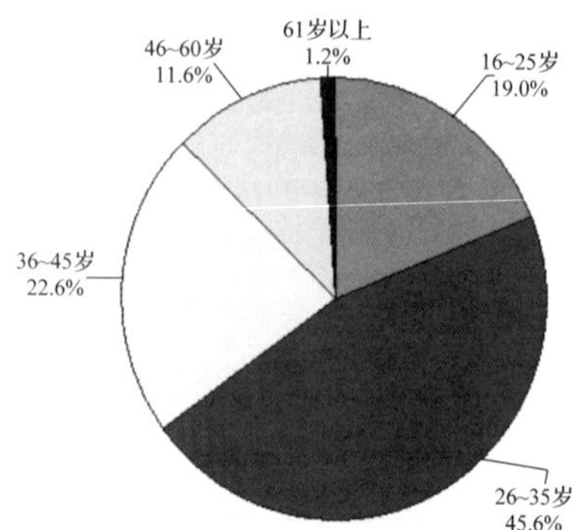

九、水权交易破冰的“义乌东阳”模式①

在市场经济发达的浙江，水资源充沛又分布不均，跨行政区域跨流域调水工程众多，如何发挥市场的作用，通过经济杠杆，使用好水资源，又平衡各地区的利益，这是一个值得探讨的话题。

（一）义乌想向邻近县市购水

“2000年11月24日签订的协议，经过4年多的管网建设，到2005年1月6日才算正式通水，这其中有太多的故事。”义乌市水务局局长朱竣文接受本刊记者采访时，对这两个时间点仍记忆犹新。

作为中国小商品集散地的浙江省义乌市，在20世纪90年代经历了经济的高速发展期，建起若干全国小商品市场后，吸引了大批商人聚集，常住人口急剧膨胀，形成用水资源紧张的局面。据朱竣文介绍，在1997年前，义乌从义乌江取水净化后供居民饮用。

据义乌市水务部门统计，义乌市人均水资源只有1130立方米，不到全国和全省人均水资源量的一半。尽管境内有小型以上的水库上百座，但总蓄水量仅1.5亿立方米，远不够当地生活生产需要。

让水务部门担心的还有义乌江的水质。义乌江是一条过界河流，上游流经东阳，有人说，因东阳市大力发展医药和化工行业，使义乌江水质下降，即便是经过水厂多道程序处理，自来水中仍能闻到一股浓重的漂白粉味道。

①黄柯杰. 水权交易破冰的“义乌东阳”模式. 瞭望东方周刊，2011-11-28.

“义乌属于结构性缺水。丰水期，义乌江常常洪峰过境；缺水期，上游下来的水质又较差。长此以往，缺水将严重制约义乌的经济发展。”义乌市水利局局长朱竣文说。

为此，义乌在1995年开始建造八都水库。这个水库位于义乌大陈江上游，正常库容接近3000万立方米。经过3年建设，于1998年向义乌供水。

即便如此，义乌的供水情况还是比较严峻，无法满足城市发展需求。为此，义乌市政府多次出面找水利专家论证，是否能在义乌境内寻找建水库的地址，但是客观条件断了这条路。

这时，义乌想到向邻近县市购水。

“金华金东区、东阳市和浦江县都是我们当时考虑的目标，经过一年的权衡，我们决定向东阳买水。”朱竣文说。

他介绍，浦江和金东区都在义乌下方，距离远，引水成本高。邻近的东阳是最合适的水源地，义乌将目光投向东阳的横锦水库。

虽然同处金华市，但东阳的水资源远比义乌丰足。据统计，东阳市人均水资源2126立方米，当时境内拥有两座大型水库，其中仅一座横锦水库的总库容就相当于义乌全市大小水库的近2倍。

除了水资源丰富外，因处在上游地区，水库内没有什么污染，水质优良，正是义乌需要的合格水源。

（二）“永久性”买断

义乌与东阳之间以前就有过水交易的先例。在1995年左右，因天气干旱，义乌两次向东阳购买200多万立方米的水救急，双方合作也算顺畅。因此，当义乌在2000年提出要长期购水时，东阳也比较配合。

可在具体谈到细节时，双方却产生分歧。

财政实力不如义乌的东阳提出，东阳可以出资将水管铺设到义乌，直接提供商品水。按照东阳的设想，东阳将就此向义乌提供合格的自来水，长期供应义乌市场。

“这等于将东阳的水厂开到义乌境内，他们可以定价，这让义乌觉得没有主动权。”义乌市水务局的一位工作人员回忆说。在反对后，东阳方面又提出，将横锦水库的水给义乌有偿使用10年，10年后再行议价。

“市领导觉得水价可以商量，但前提是必须一次性买断。”义乌水务局局长朱竣文说。为此，双方又展开了谈判。

两地政府部门也面临较大压力。当东阳要把横锦水库的水权永久性卖给义乌的消息传出后，一些东阳老百姓就觉得是在吃子孙饭；一些质疑声也从义乌传来，甚至有人认为，义乌现在的用水困境跟东阳江水污染流到义乌江有直接关系，却要让义乌花上亿元买东阳的水，这是花冤枉钱。

2000年10月，经过多次磋商，义乌和东阳两个城市的政府班子就此事投票表决，在双方均获全票通过的前提下，双方政府领导出面签订了用水权转让协议。

依照当时的约定，义乌市一次性出资2亿元购买东阳横锦水库每年4999.9（寓意长久）万立方米水的使用权。在转让用水权后，横锦水库的所有权不变，水库运行、工程维护仍由东阳负责，义乌按当年实际供水量每立方米0.1元支付综合管理费（包括水资源费）。此外，从横锦水库到义乌的引水管道工程，由义乌市规划设计和投资建设，其中东阳境内段引水工程的有关政策处理和管道工程施工由东阳市负责，费用由义乌承担。

“现在的综合管理费有所增加，但东阳的供水一直很稳定，我们只用了3000多万立方米。”朱竣文说。

当时的义乌也想到通过上级政府协调来解决用水问题，但是这样可能需要较长时间。义乌的城市建设如火如荼，实在耽搁不起，经过多方权衡，决定用市场的方式来解决用水问题。

“义乌采取了一种务实的态度，一次性解决问题。”朱竣文这样总结当年的这桩交易。

2005年1月6日，在义乌市和东阳市的通水典礼上，时任水利部副部长索丽生说，东阳市与义乌市水权交易的成功实施，在步入市场经济方面意义重大。对于东阳和义乌两市来说，不仅会让东阳人进一步思考如何进行水资源的节约、配置、开源，也让义乌市慎重考虑如何节约、利用好这些买来的水。

十、老外调解员[①]

新年伊始，埃及商人穆汗奈德就经历了一场与义乌市场鞋类经营户之间的纠纷——双方在一批鞋子的订金、验货方式上产生了较大分歧。不过，比起请律师帮助维权，穆汗奈德更愿意向义乌的“联合国涉外纠纷调解队伍”求助。

在全球著名的小商品流通中心浙江义乌，每年出入境的外商有将近50万人次。2014年，义乌小商品实现进出口总额241.9亿美元，其中出口237.1亿美元，分别较上年增长30%和30.2%。随着跨境贸易量的增长，商品买卖中合同订立、语言沟通、产品质量等问题产生的涉外纠纷也大量涌现。

2013年，义乌开创性地成立了涉外纠纷人民调解委员会，组建了一支“联合国涉外纠纷调解队伍”。这些被聘任的外籍义务调解员，是来自世界12个国家和地区的诚实守信商人。

来自塞内加尔的苏拉担任穆汗奈德的调解员。在义乌做生意已经8年，苏拉算得上是“老义乌”，精通法语、英语、阿拉伯语、中文的他，是这支联合国调解队的“主力队员”。

穆汗奈德与经营户的调解在相对友好的氛围下进行。苏拉说，他们在调解过程中会尽量用幽默的语言等方式缓和双方的对立情绪，“这使得调解的成功率非常高，很多纠纷双方经过调解后，依然保持

① 老外调解员. 新华网，2015-02-07.

着友好合作关系”。

图2-9　穆汗奈德调解室

最终，双方都做出了让步。“公正处理、快速达成协议、解决争议，节省了时间和金钱，这对于我们来说非常重要，我非常信任他。”穆汗奈德对调解结果感到满意。

“涉外纠纷走法律程序比较复杂，通过调解可有效化解各类涉外纠纷，维护双方的合法权益。”陈津颜是义乌市涉外纠纷人民调委会主任，曾被评为浙江省司法行政系统十大百优之优秀人民调解员，每年他都会遇到不少上门寻求帮助的外商。

以前，陈津颜通常是找个翻译再居中调解。随着外籍调解员加入合议，不仅突破了语言障碍，也能使得纠纷主体更容易被说服。“他们往往能够更好地换位思考，从人性、法律、情理等方面提供涉外调解建议，制订合议方案，由此可更好地打开僵局，提升调解的成功率。”陈津颜说。

据陈津颜介绍，在调解过程中，涉外调解中心不断完善“检调结合制”，创新推出“调解合议机制”，规范涉外调解机制，使涉外调解工作更加制度化、规范化。“这些都增强了调解的针对性和有效性，提高了涉外案件当事人的合法权益保护力度”。

这种“中国式”的矛盾纠纷解决方式逐渐被外商们认可，“联合国涉外纠纷调解队伍”也越来越壮大，他们大多懂三种以上外语、熟练讲普通话，并且诚信经营、助人为乐。

马来西亚商人郭集福通晓5国语言，但在他看来，调解员远不是做翻译那么简单。“调解是门大学问，这里有语言沟通的问题，还有文化的差异，讲话时用词非常重要，不能当事人说什么就像传话筒一样传达”。

“这个团队里面很多都是身家不菲的成功商人，但在没有一分工资和福利的调委会工作，他们总是尽心尽力，以情动人、以理服人。”这让陈津颜颇为感动。

两年来，“联合国涉外纠纷调解队伍”已经成功让90余起纠纷顺利和解，涉及金额870.58万元，协议金额304.25万元。

“老外不见外”是苏拉常常挂在嘴边的一句话，对他来说，做调解员最深的感触是，“这里真的需要我们”。苏拉希望能够继续当好中外客商之间的“沟通之桥”，因为在他看来，在纠纷调解中安排外籍调解员，是义乌这座城市对于外国人的一种礼遇，很有意义。

十一、走进义乌市两会的老外[①]

“两会”（人民代表大会和政治协商会议）是中国最为重要的政治制度，是老百姓自己进行公共治理的一种政治制度。作为长期在义乌经商就业的外国商人，义乌市也开创性地让外国人参与进义乌老百姓日常的政治生活之中。

从2003年起，义乌市人大常委会每年都会邀请10位外籍人士列席人代会，并举行专门的外籍人士座谈会。座谈会上，一位市人大常委会副主任和一位副市长以及市公安局、外经贸局等相关部门负责人与外商面对面交流，广泛征求外商的意见和建议，回答外商提出的问题。外商的参与引来了众多媒体的镜头。

图2-10　义乌市人大常委会

对于能够列席市人代会，在座谈会上向市领导以及相关部门

① 老外走进义乌市两会. 国际在线专稿.

负责人面对面提建议，每年受邀前来听会的外商都很珍惜这样的机会。所以每当会议临近，他们会先和其他外商会面，互相交流彼此的看法，进行总结后，再到座谈会上提出来。印度商人尼克告诉我们："特别是在市人代会之前，（为了在座谈会上提出建议）我会和阿拉伯还有东欧的商人一起讨论，交流彼此的看法。"

尼克已经列席过两次义乌市人代会了。中国的人代会是中国人民行使权力的机构，在中国的地方人代会上，看到外国人的面孔，已经让人有些惊讶，而外商还可以在座谈会上与市领导面对面提意见，这就更让人惊讶了。不过在义乌，人们并不觉得这是件稀罕事，因为常年居住在这里的一万多名外商已经成为当地发展中不可或缺的一部分。

作为外国人，能够被邀请列席中国地方的人代会，外商们感到非常荣幸。不过列席人代会的外商，除了会讲中文外，还需要在义乌市居住一年以上，目的是确保他们的意见是在充分了解当地情况的基础上提出的。尼克能够受邀列席人代会就与他流利的汉语和在中国的经历分不开，他在中国做出口贸易近20年，其中差不多一半的时间是在义乌度过的。义乌市的外商对于市人大常委会的这一做法表示非常欢迎和支持，特别是这些受邀列席人代会的外国友人们，更是很高兴能有机会当面向市领导建言献策："我真的非常感谢为我们提供的这个平台。在义乌有一些外国人长期在这里居住、经商，包括他们的家人也都在这边，市人大常委会和市政府一直关注着我们，市人代会召开座谈会的时候，跟我们说，你们有什么意见，都可以提出来。和我一样，其他国家的外国人也在会上表达他们的想法。”

义乌市人大常委会连续多年邀请外籍人士列席人代会以及举行外籍人士座谈会的做法很有效果，不少外商在座谈会上提出的建议得到了采纳，反映的问题也得到了解决。例如，在医院设立多语种服务窗口，开办国际学校，等等。尼克告诉我们：“市人大常委会希望了解外商的想法，欢迎外商提出建议，如果他们觉得建议合理，就会去实施，我觉得这是很重要的。义乌市近几年的变化很大，比如说，国际商贸城不断扩大规模，其他方面也在逐渐地进步。”

不断扩大的商品市场和配套的软件设施让在义乌市经商的外国人安心在这里定居，他们的生意也越做越好。曾多次列席义乌市人代会的阿尔及利亚商人阿卜杜勒，2002年来到中国后，先后在广州、上海短暂停留，最终选择定居在义乌做生意。

阿卜杜勒说：“我原本以为在国外做生意，第一年不亏本就算很好了。可是来到义乌的第一年和第二年，我的生意增长了100%。之后渐渐趋于稳定，现在仍保持每年15%~20%的增长速度。”

他说，他来中国前，有人说中国经济发展会威胁他国，可来到中国后却没有这种感觉。他说，中国人有气度，有包容心，对他们很好，他周围的朋友也有这种感觉。

尽管是外国人，可是这些在义乌工作和生活了多年的外商，对义乌以及中国都已经产生了很深厚的感情。言谈间，阿卜杜勒和尼克都流露出了他们对这里的热爱："我的很多朋友都跟我说，你就是义乌人啊！我每年待在义乌的时间比在其他任何一个地方都长，一年12个月，离开义乌市也只有两个月，其他10个月都在义乌。我的生活大部分都在这里，我的老婆、孩子都在这里，还在这里买了房子，这里就是我的第二个家。义乌很好，我很喜欢。去列席市人代会，在座谈会上提建议，我觉得我也能够为这里的社会发展做点贡献。"

尼克说："中国近年来真的发展很快，全世界都看得到。我觉得我们的国家可以借鉴和学习中国的很多发展经验。"

的确，中国近几年飞速发展，吸引了大量的外国人到这里投资，或者是长期居住在这里经商。这其中，硬件是一方面，软件也是一个重要原因。中国的政务信息更加公开透明，改革的心态更加开放，让在这里工作和生活的外国人有一种归属感。他们把中国当成自己的第二个家，愿意自己的家越来越美好，当然也愿意为把自己的家园建设得更美好而贡献自己的一份力量。

在华外商列席地方人代会，充分体现了中国人大制度建设的不断完善和开放，以及不断增加的执政透明度。这一做法，一方面可以广泛地征求意见和建议，群策群力，有助于推进地方各项建设；另一方面，有助于加深外商对地方政府工作的了解和加强他们的主人翁意识。可以说，这是一个双赢的举措。

十二、义乌人物传之周晓光：我培养了600位老总[1]

周晓光，1962年11月出生于浙江诸暨，1978年涉足商海，1995年创办新光饰品公司。经过多年创业，新光已发展成为在全国以及全球同行业内有一定影响的大型民营企业集团。周晓光本人也因其优秀的经营业绩、倾力社会公益事业，以及当选全国人大代表并创造性履行职能的卓越表现，成为全国知名的企业家、杰出女性、浙商群体的代表人物之一。

图2-11　周晓光

在新光的发展史上，人才战略是不可忽视的一笔。从企业刚成立时斥巨资从台商饰品企业请40多名管理人员和450多名熟练工人，到聘请台湾职业经理人出任总经理，再到为中层干部开设“MBA核

① 徐斌. 义乌人物传之周晓光：我培养了600位老总.新闻人物，2007（8）：56-58.

心课程研修班”，周晓光在企业人才培养和投入上不断使出大手笔，“批发人才”成了新光公司的一大特色。

在不断培养人才的同时，新光的人才也在被当地企业不断挖走，现在几乎义乌每家饰品企业都有新光以前的员工，有人称新光流出的员工都可以成立另一个新光了。对此，周晓光显得很坦然：“我们这个行业，同行其实并不是竞争对手，而是共同去开发潜在的市场，我觉得新光最大的敌人其实是自己。只有通过行业的共同努力，去传播饰品的时尚文化，才能开拓更大的市场空间。”

图2-12　新光公司的广告图片

义乌小商品是全世界最大的市场，而饰品则是小商品中的小字辈，小得不能再小的一类产品，但是在义乌却是一个很大的产业。义乌现有饰品企业4000多家，从业人员15万人。“新光对行业和社会的最大贡献是引领发展潮流，为行业输送了很多人才，从新光出去，自己当了老板的就有600多人”。新光成了义乌饰品行业名副其实的“黄埔军校”，周晓光表示，“我们在不断地生产人才，人员流动很快，对我来说不是负担。虽然会损失些人才，但是这样有助于把整个产业做大做强。因为我需要的是一片森林，而不是一棵大树。当有一片森林的时候，你才能成木、成材，其实是这个产业成就了我。”

十三、义乌人物传之亚洲

（一）黄忠明：在迪拜卖义乌饰品

中等个子，说话时脸上常常挂着笑容，看上去十分腼腆，34岁的黄忠明是义乌人，同时也是West SeaTradingLLC公司的所有者。

图2–13　黄忠明

2003年9月，21岁黄忠明就随着叔叔到迪拜经商。迪拜给他留下的第一印象就是，这是一座充满生机和活力的城市。那里经商氛围浓厚，城市各个角落都蕴含着无限的商机。为了攻克生意中的语言关，黄忠明用了两年多时间，最终靠死记硬背的方法，学会了阿拉伯语。

2007年，他与同样在义乌做外贸生意的女朋友结了婚。经过多方的思考和衡量，夫妻俩商量决定重回迪拜开创事业，他们在迪拜木须巴扎市场注册了公司，主要销售来自义乌市场的饰品，且专做高档饰品生意。在经营一段时间后，夫妻俩发现高档婚纱饰品是迪拜市场的一个空白，便开了专门做高端市场的门店。

目前，在迪拜经商的义乌商人有上千人。黄忠明在迪拜也已有14个年头了，他告诉记者，义乌商人最大的特点就是能吃苦、能坚持。

接下来，黄忠明打算在迪拜开拓网上销售渠道，在创新和成本控制上下功夫，并利用迪拜全球市场的特点，发展进口贸易，延续老一辈的创业精神，坚定前行。

（二）菲利普：我要让儿子接我中国的班

出生在贸易世家的印度商人菲利普，家族一直在迪拜做转口贸易。20世纪90年代初，他到香港经商，并借助香港这块跳板，把中国商品卖到北美和中东等地区。多年之后，他早已如愿，现在已是义乌市皮艾仕梵兄贸易有限公司董事长。

图2-14　菲利普（左一）

2002年，菲利普第一次踏上义乌的土地，在刚投入使用的国际商贸城被眼前的繁荣景象深深震撼了。菲利普说，自己找到了那座他想要的中国城市。随后，他常常出入义乌。

2010年，菲利普听说义乌建造的一个进口商品馆正在招商，政策还很优惠。凭借多年的贸易经验，菲利普觉得这是个好机会。他当年就把公司从香港搬到了义乌，并向进口馆递交了申请摊位的材料。

经过两年严格的审批，2012年，菲利普如愿拿到一个摊位。现在，他拿下了印度最高端品牌熏香真理香（SAYTA）的全球总代理。这家企业经营的迈索尔香皂，是英国伊丽莎白女王指定使用的檀香精油皂。

菲利普很爱义乌，他提议在义乌举办马拉松赛，并被采纳。但最令菲利普开心的是，2014年11月20日李克强总理视察义乌时，跟他见面的情景。他打开珍藏在手机里的照片，兴奋地说："真是太荣幸了！总理还用英语与我交流，讲得很流利，感到很亲切。"

2015年，菲利普的儿子也来到了中国。菲利普说，中国的生意以后肯定要让儿子接班，为何不让他来中国读书？小菲利普现在在浙江师范大学学习国际贸易，还当上了班长。菲利普说，义乌是他的第二故乡。

十四、义商之非洲

（一）骆玲娟：独闯非洲再出发

义商这个群体当中，有更为特殊的一群女义商。骆玲娟就是其中的一位。

图2-15　骆玲娟

她20岁时，就在城里摆地摊；当冯爱倩堵住当时义乌县委书记谢高华讨说法时，她常从执法人员眼前逃脱；后来，义乌湖清门第一代小商品市场开张，她拿到了人生第一个摊位。

她40岁时，独闯非洲。那时，因生活变故，她必须东山再起。在朋友的指点下，她独自一人上了去南非的飞机，来到南非的经济中心约翰内斯堡。

大型商超、集贸市场、地摊夜市……东奔西走22天后，骆玲娟发现南非高档商场的化妆品都是奢侈品牌，集贸市场没有人做化妆品。于是立刻回义乌发货。

2002年3月，骆玲娟第二次踏入“彩虹之国”，从义乌市场采购的香水、口红、指甲油等化妆品也随之运到；当年7月，她便在约翰内斯堡东方城租下店面，开出了第一家香水批发店。为了学英语，她请了一个印度姑娘当营业员。“我教她中文，她教我英文。”骆玲娟说。

就这样，骆玲娟在非洲一待就是十多年。她在南非和义乌都注册了公司，还陆续带义乌老乡去约翰内斯堡经商。现在，在南非经营的义乌人就有百来位。

2012年，随着国家政策的改变，骆玲娟又把十多年在南非积累的资源带回了义乌，在义乌进口馆开设了“南非馆”。

接受采访时，骆玲娟总是笑着。55岁的她，有着独特的智慧，面对生活的起伏，她总能从容应对。

（二）苏拉：甘做一个快乐的“老娘舅”

1月20日，塞内加尔国家第一电视台的记者来到义乌。他们此行的目的是采访塞国公民——在义乌经商的苏拉。此前两天，苏拉获得了义乌市政府颁发的“商城友谊奖”。

图2-16　苏拉

38岁的苏拉为何能被中塞两国人民垂青呢？记者走近了他。

“我是2003年到义乌的，那时我并不知道，以后的13年里，我会在这里开公司、买车、定居，还当上老娘舅。”苏拉说着一口流利的中文，若不是亲眼所见，会让人以为这是一位中国人。

苏拉在义乌有两个身份，一是义乌市科瑞丝通贸易公司总经理，二是义乌市涉外纠纷人民调解委员会副主任。

采访前，苏拉特意要求戴上义乌市涉外纠纷人民调解委员会的徽章。“我喜欢这个徽章，这是我在义乌受到礼遇的象征。”顺着苏拉的手势，我们看到，这枚徽章很别致，两个相连的橄榄枝上面，是一个由双手围成的“红心”。

数据显示，调解委员会至今已经受理纠纷201件，已办结191件（部分仍在调解中），成功率97%，帮助商户和外商追回货款2100多万元。

苏拉坦言，以前自己只是一个普通的商人，默默无闻地做着生意。现在，他是一名公众人物，一言一行中能改变很多人的思维，甚至在某种程度上，成为塞内加尔人在大洋彼岸成功的代表。

“我愿意一直当一个快乐的‘老娘舅’，为义乌付出，让中非友谊长长久久。”苏拉自信地说。

十五、义商之美洲

（一）成建新：奔波南美洲与中国间近二十年

成建新是义乌乃至浙江最早到南美洲打拼的商人之一。作为智利义乌商会会长、智利华商联合总会副会长、联合国华人友好协会副主席兼南美洲秘书长、南美洲中国和平统一促进会秘书长的他，几十年间，奔波于南美洲和中国之间，把中国制造带到海外，把先进经验传回祖国，开拓了南美洲这块创业热土。

1986年，成建新迎来了人生的重要转折——被选派到深圳大学进修。深圳改革开放的大潮，让成建新萌生了下海创业的念头。毕业后他回到义乌，创办了服装品牌“金特力”，把改革开放前沿的先进理念，带到了市场经济萌芽显现的义乌。1994年，成建新再度响应国家“走出去、引进来”号召，打定主意：要去国外闯闯。1997年，成建新登上了飞往南美洲的航班。

图2-17　成建新

2006年，他牵头成立了智利中国义乌商会，为商人互帮互助创造条件，会员有40多人。如今，智利义乌商会会员增加到100多人，智利市场上90%的小商品来自义乌，这些商品又通过智利自由贸易区辐射到南美洲各国。

近20年来，成建新通过各种方式，带义乌的老板到智利考察，把智利的商人带到义乌，用自己的行动诠释“走出去、引进来”。

成建新是一名党员，他认为，自己坚持侨务工作，是在尽一名党员的义务。因为这个缘故，他多年应邀参加国庆招待会。“义乌给了我很多荣誉，而我为义乌做的一切，都是应该做的。”2015年6月，义乌市政府举行首届“商城回归奖”颁奖仪式，成建新获奖。在台上，他摇响了手中的拨浪鼓。

（二）乌戈：做义乌万余南美人的食堂

42岁的乌戈是哥伦比亚人，在首都波哥大长大，从小在父母的餐厅帮忙，乌戈的梦想就是当一名厨师。在义乌，他实现了自己的梦想。走进福田市场一区西大门对面的Hugo Sazon餐厅，记者见到了这位热情的老板。

图2-18　乌戈

乌戈的义乌美食之旅，并不是一帆风顺的。2012年秋天，上海有家西餐厅需要厨师，在欧洲当自由厨师的乌戈飞了过来，到了才发现被放了鸽子。偶然间，他从南美洲的朋友口中听说了义乌。

这一年，义乌开拓南美市场，乌戈抓住机会，在一家西餐厅当起了厨师。凭借所学的厨艺，没多久，乌戈的盒饭在南美洲客商圈内就有了名气，来“光顾”的人也越来越多，他有了在义乌开餐厅的想法。

2013年8月，乌戈在义乌福田市场开起了小餐馆。一年后，给餐厅搬了家，店面也扩大到100多平方米。随着越来越多的南美洲客商来到中国“淘金”，把义乌当成第二故乡，乌戈的客源也越来越充足。

乌戈说，现在在义乌市的南美洲客商约1800多人。他们经常光顾乌戈的餐厅，品尝家乡的味道。这就是他在义乌创业的信心和勇气。

十六、义商之欧洲

（一）周旭锋：我在西班牙为“义新欧”自豪

36岁的周旭锋是青田人，1999年跟随父亲前往西班牙经商，2002年与义乌结缘，现在是浙江盟德进出口有限公司董事长、西班牙中国青年商会名誉会长、义乌青田商会会长。

2014年11月18日，伴随着火车的一声长鸣，满载着82标准箱出口商品的首趟“义新欧”中欧班列从铁路义乌西站发出，奔向万里之外的西班牙首都马德里市。

图2-19　周旭锋

周旭锋是“义新欧”的坚定支持者以及“尝鲜者”，一年多下来，伴随着“义新欧”班列的跨越式发展，周旭锋的进出口贸易也越做越顺畅，他本人也因“义新欧”而广为人知。

“如果没有‘义新欧’，我的进口生意不会发展这么快，这也足以证明，我对‘义新欧’的选择完全正确。”长着一张娃娃脸，身材微胖的周旭锋给人感觉十分亲和，在一个多小时的长谈中，他所提最多的就是“义新欧”。

2015年，周旭锋所拥有的浙江盟德进出口有限公司进出口合计120多个标准箱，货值1200万欧元。出口占60%，其中有30%走的是“义新欧”，进口较上一年同比增长30%，全部依靠“义新欧”。

“‘义新欧’沿线有多个国家，同这些国家完成协商并非易事，‘义新欧’首趟班列抵达马德里的那天，西班牙很多华侨都自发前往车站迎接。后来大家还一起搞了很多场庆祝活动，民族自豪感在那一刻被彻底激发。”周旭锋说。

周旭锋介绍，西班牙是整个欧洲华侨数量最多的国家，也是义乌贸易额最大的欧洲国家。义乌这两年对进口贸易的重视程度越来越高，并提出要打造国际贸易桥头堡，那么，西班牙无疑就是排头兵，对义乌整个国际贸易起到至关重要的作用。

（二）英国人泰山：义乌让人来了就不想走

美丽的绣湖公园旁、古老的大安寺塔下、迎恩门六街里，安安静静地坐落着一家名为“谛诺”的西餐厅，46岁的餐厅主人是来自英国伦敦的泰山。

图2-20　泰山

泰山聊天时十分爱用肢体语言，有时甚至手脚并用。他说，义乌是他来了就不想走的地方。

这是他的肺腑之言。2007年，他怀揣着500美元到了义乌，现在已经开起了自己的外贸公司和西餐厅，是环德进出口有限公司总经理，并且还娶了一位义乌媳妇，在义乌实现了爱情事业的双丰收。

来义乌之前，泰山曾在澳大利亚工作了四年。其间认识了一位中国朋友，从而了解了中国并对中国产生向往。

“我并不想去北京、上海那样的大城市，因为太国际化了，我就喜欢像义乌这样的小城，觉得小城更原汁原味。”泰山说。

泰山说他现在的美满生活和妻子密不可分。她是义乌人，也是国际商贸城的一位经营户，认识泰山的时候，他还在培训机构里当“外教”，妻子是他的学生，同时也是他生意方面的老师。

在义乌九年，泰山已深深爱上了这座城市。他当食品药品“行风监督员”、召集其他外商当志愿者做公益、为其他新到义乌的外商分享自己的成功经验，用泰山的话来说，义乌就是一座让人来了就不想离开的城市。

第三章

义乌市场的时空坐标

任何一个实体市场的形成，首先有其一系列的优势，既包括其空间上的地理优势，也包括其历史上的文化优势。也正是因为拥有时间和空间的独特优势，才最终成就了义乌国际商贸城的蓬勃发展和健康成长。

一、浙江省地心的义乌

在中国的行政体系中，义乌只是中国将近3000个县级行政单位之一。

在后面那张浙江省行政区划图中，我们用4个箭头标注出来的地方就是义乌。根据地理教科书上的说法，义乌市的一个重要乡镇——佛堂，刚好就是浙江省的地理中心，这是不是意味着，在冥冥之中，义乌市在当今市场经济中的重要地位，早就由其地理位置决定下来了？

作为一个县级行政单位，义乌是中国浙江省金华市下辖的一个县级市，金华—义乌（浙中）和杭州（浙北）、宁波（浙东）、温州（浙南）并列浙江四大区域中心城市。义乌位于浙江省中部，地处金衢盆地东部，地理坐标东经119度49分至120度17分，北纬29度02分

13秒至29度33分40秒，东邻东阳市，南界永康市、武义县，西连金东区、兰溪市，北接浦江县和绍兴的诸暨市，南北长58.15公里，东西宽44.41公里，面积1105平方公里。

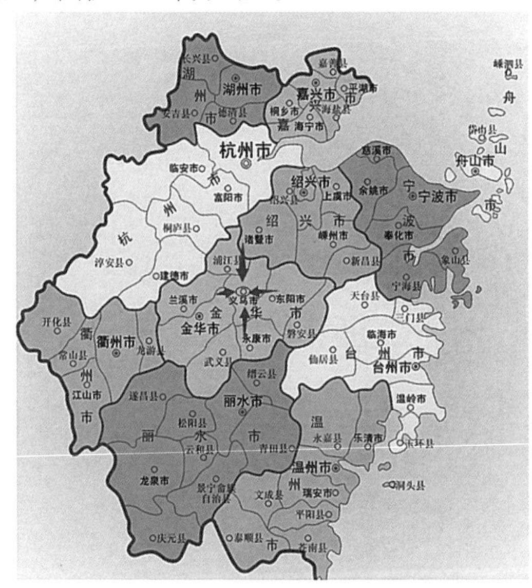

图3-1　浙江省行政区划图

义乌市东、南、北三面群山环抱，境内有中低山、丘陵、岗地、平原，土壤类型多样，光热资源丰富。南部与永康市交界的大寒尖，海拔925.6米，为全市最高峰；北部大陈江边的瓦摇头，海拔41.9米，为全市最低点。义乌市属亚热带季风气候，温和湿润，四季分明，年平均气温在17℃左右，年平均无霜期为243天左右，年平均降水量为1100～1600毫米。

2014年10月，根据《浙江省人民政府关于义乌市部分行政区划调整的批复》，义乌市的行政区划情况如下：

表3-1 义乌市的行政区划

序号	区域名称	面积（平方公里）
1	稠城街道（核心城区）	53
2	北苑街道（主城区）	37
3	稠江街道（主城区）	38
4	江东街道（主城区）	92
5	后宅街道（副城区）	68
6	城西街道（副城区）	60
7	廿三里街道（近郊）	72
8	福田街道	—
9	上溪镇	103
10	义亭镇	54
11	佛堂镇	134
12	赤岸镇	150
13	苏溪镇	109
14	大陈镇	136

二、义乌的交通优势

经过近乎野蛮的爆发式发展，义乌市以其巨大的经济政治社会优势在最大限度内优化了其区域的交通条件。

从交通的角度来看，铁路浙赣线贯通义乌全境，沪昆和甬金两条高速公路呈“V”字状将义乌环抱于其中，由此形成了义乌相对便利的交通条件。特别是随着市场的发展，义乌在经济上的重要性也逐渐地形成了交通资源的集聚，典型的表现就是作为一个县级市，但义

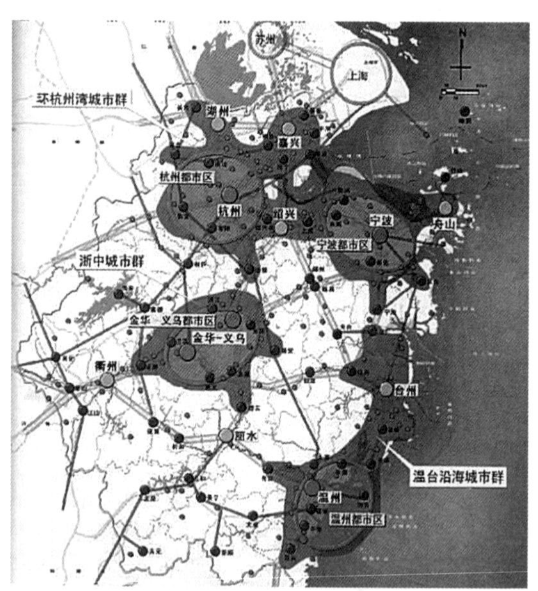

图3-2　浙江省“三群四区”空间发展战略中的义乌

乌火车站却是全国独一无二的所有过境列车全都停靠的车站。日过境停靠列车90多趟次，可直达北京、广州、上海等大中城市。此外，义乌现已开通公路省际客运线路340余条，民航义乌机场亦已开通香港、北京、广州、厦门、深圳、 汕头、长沙、昆明、重庆、成都、西安、乌鲁木齐、 青岛、长春等20余条航线。

三、“义乌”地名的考证

相传秦时，距东海西150公里的于越境内，有一片肥沃的土地，这里风调雨顺，五谷丰登。老百姓丰衣足食，安居乐业。

有一对颜姓父子，父亲叫颜凤，儿子叫颜乌。两人从山东避乱南下。他们开始时给一户财主家打工，但后来财主见颜凤又老又病，便把父子俩赶出了家门。颜乌和他的父亲只好以行乞为生。由于经常食不果腹，父子俩常常饿得头昏眼花，特别是年迈的父亲，已经是重病缠身了。好在颜乌是个孝子，服侍父亲十分周到。

有一次，颜乌在行乞途中发现了一个小岩石洞，洞内面积不大，但冬暖夏凉。颜乌喜出望外，他把岩石洞收拾了一下，搬来几块干净的大石块，大的当床，小的当凳。从此，父子俩就在洞内安下身来。

图3-3　义乌孝子祠——颜乌纪念馆

转眼就是夏天，岩石洞内的蚊子渐渐多了起来，如何让病重的父亲不受蚊子袭扰睡得安稳，聪明孝顺的颜乌自有办法。每天傍晚，颜乌总是先将父亲背到洞外乘凉，然后他自己回到洞里，赤身裸体地躺下，那些又大又狠的蚊子嗡嗡地围住颜乌狂轰滥炸。过了个把时辰，等蚊子饱食后都心满意足地撤退了，颜乌才起身把老父亲背回洞中睡觉。

颜乌的孝顺行为感动了栖息在岩洞口的一窝乌鸦，这些乌鸦见了蚊子就吃，后来洞中的蚊子竟没了。颜乌有时要饭回来，也会省下一点儿食物来喂给乌鸦吃，父子俩和乌鸦竟成了好邻居。

一日天刚蒙蒙亮，乌鸦突然被一阵痛哭声惊醒，原来颜乌的父亲死了，乌鸦也被那凄惨的哭声所感染，难过得“哇！哇！哇”地哭叫起来。后来，有几只乌鸦相继离巢，朝不同的方向飞去。

过了几个时辰，奇迹出现了，只见成千上万只乌鸦朝颜乌父子飞来，每只乌鸦的颈上都围着白色的丧圈。

乌鸦在颜乌父子的头顶转了几圈后，又向西北方向飞去。它们从很远的黄土地上衔来泥块，堆放到颜凤的身上，这些乌鸦每只衔一

图3-4　义乌孝子祠

图3-5　孝子祠

块泥，忙忙碌碌地来回飞着，很快，乌鸦的喙受伤了，泥块染上了点点滴滴的乌鸦血。

到傍晚时分，乌鸦筑起了一座高大的坟墓。

据说，后来孝子颜乌死后，乌鸦又在其父坟墓旁衔土葬之。人们在这里建起了祠堂，称为孝子祠。为了纪念那些筑坟受伤的正义的乌鸦，人们把这一带地方叫作乌伤。秦始皇平定江南后，这里建县名为乌伤，公元624年，改称义乌。

据当地老人说，当年乌鸦啄泥而成的大坑积水成塘，就是现在市客运中心北面的秦塘；乌鸦衔泥途中休息的地方因掉了不少泥块，成了一座小小的馒头山，因城市扩建，馒头山被取土做路，成为城中北路的一段，基本位置在义乌登峰机械有限公司附近。

四、义乌的历史发展

尽管从现行的行政区划上来看，义乌是隶属于金华的一个县级市，但是从历史上的行政区划来看，义乌却是先于金华而存在的。

最早的春秋战国时期，义乌属于越国境内。

秦始皇二十五年（公元前222年）建县名乌伤，属会稽郡。

新莽时（9年）改县名乌孝。东汉建武初复称乌伤，曾为会稽西部都尉治。

初平三年（192年）分割西部辖境，设置长山县（即后之金东区，又后之金华市）。三国吴赤乌八年（245年）分南境，置永康市。宝鼎元年（266年），分会稽郡西部设东阳郡（郡治长山），乌伤县属东阳郡。隋开皇九年（589年），分割吴州置婺州。天宝十三年（754年），又分县境北部及兰溪、富阳各一部分，设浦阳县（今浦江县）。

唐武德四年（621年）于乌伤县置稠州，并分置乌孝、华川二县。

元代，义乌隶属婺州路总管府。

明清仍旧，义乌隶属关系未变。辛亥革命后，废府制代以道制，义乌属金华道。1927年，废道制改为省县两级制，义乌直属浙江省。后设行政督察专员公署，义乌属金华专区或浙江省第四专区。

1949年5月8日义乌解放。新中国成立后，义乌属金华专区。

1959年浦江并入义乌，1967年浦江重新独立县治。

1988年撤销义乌县，设立义乌市（县级）。

2006年，浙江省出台“11+1”行政体制，即将义乌市在形式上升格为与11个地级市并列的行政单位。

五、国际商贸城的五代历史

（一）第一代：马路市场

义乌小商品市场最早起源于20世纪60年代末的廿三里。1974年春节前后，县城稠城镇县前街湖清门也兴起了小商品市场。在特殊年代，在上级明令禁止、取缔，而半合法的“敲糖换鸡毛”又需要市场存在的矛盾冲突之中，两个提篮叫卖、批零兼营的季节性市场悄然孕育。

1982年3月26日上午，就稠城市场整顿问题，县政府再次召开由一名副职主持的县长办公会，这就是义乌小商品市场开放前夕著名的“第二次县长办公会议”。1982年9月，义乌县政府正式开放稠城镇小百货市场，当时投资9000元，为铺设水泥板的露天市场，摊位700个。当年小商品市场成交额为392万元。1983年，湖清门市场摊位数增加1050个，成交额1444万元。1984年，这个市场的成交额达2321万元，商品主要销往义乌周边县市。党的十二大胜利召开后，在党中央的支持下，湖清门市场得到存在和发展。十二大期间，在县工商局的直接领导和有关部门的配合下，对湖清门小百货市场进行全面整顿，使之“秩序井然，面貌一新”。市场被正式认可之后，发展的速度超出了所有人的意料。

（二）第二代：棚架市场

在当代中国经济奇迹中，曾经一而再、再而三地发生过“凹地效应”，当时的义乌小商品市场也是这样的一块凹地。义乌太祖殿畈的第二代市场开张后，近2000个摊位迅速摆开，每天前来交易的超过万人，其中六成以上为外地人，申请进场者络绎不绝。随着义乌第二代小商品市场的兴起，经商农民纷纷迁至义乌。1984年，义乌县委县政府提出“兴商建县”的方针，放宽企业审批政策，简化登记手续，义乌全县掀起经商办厂热潮。至年底，个体户突破1万户，达14259户，小商品市场成交额2321万元。据统计，1986年，义乌市场的成交额突破1亿元，辐射范围从周边县市延伸到省内外。“凹地效应”的形成，使市场的发展完全超出了人们的预计。刚开业不久的第二代市场马上又显得太小了，市场的再度扩建，已呼之欲出。

图3-6　棚架市场

（三）第三代：摊位市场

中国小商品城第三代市场于1985年11月动工兴建，场址选在城中路（当时叫环城路）以东、前大路与标准件厂之间地块，总投资440万元，1986年竣工开业，设有固定摊位4096个，占地44000平方米，市场内建有综合商业服务及工商、税务、邮电、金融等管理服务大楼。其后经过多次扩建，至1990年年底时，中国小商品城第三代建设已形成占地面积5.7万平方米，设有固定摊位8503个，临时摊位1500多个的全国最大的小商品专业批发市场。1991年，小商品市场成交额达10.33亿元，首次突破10亿元大关。这时，小商品市场的地位和作用开始被越来越多的人所认识，很多义乌人自觉不自觉地参与到市场当中。

图3-7　摊位市场

（四）第四代：室内市场

第四代中国小商品城市场于1991年动工兴建，1992年投入使用，共有摊位7100个。3月，在国家工商局首次公布的全国十大市场名单中，义乌小商品市场名列榜首。8月，义乌小商品市场更名为“浙江省义乌市中国小商品城”。1993年，义乌市中国小商品城走上了股份制的发展之路，创立了中国小商品城股份有限公司（商城集团前身）。1994年6月4日，中国小商品城第四代市场二期工程通过交工验收，至此，小商品城建筑面积扩大到22.8万平方米，摊位数增至23000个。1995年，中国小商品城成交额达到152亿元。

图3-8　室内市场

（五）第五代：国际市场

进入21世纪，义乌小商品市场走上了国际化的发展道路，为顺应国际化发展需求，规划建设了第五代的专业市场——中国义乌国际商贸城。国际商贸城的建设秉承“科学的规划、一流的设计、现代化的建筑”理念，致力引领传统集散型市场向现代化国际市场飞跃。一期工程占地16万平方米，建筑面积34万平方米，工程投资7亿元，分为主体市场、生产直销中心、商品采购中心、仓储中心、餐饮中心五大经营区，共有商位7000余个，从业人员50000多人，汇集了国内外250余家生产企业、220余家商品采购和8600余户经营户，是我国最大的饰品、工艺、玩具、花类集散中心。

图3-9　国际市场

在义乌市场内，有一个流行的说法是，一个人逛市场，在每个摊位停留1分钟，按每天8小时工作时间来算，逛遍全部的将近7万个摊位，需要耗时145天左右，即差不多半年时间过去了。目前，义乌市场的商品出口国家和地区增加到215个；常住义乌的境外客商超过1万人，经批准成立的境外公司企业代表处有1340家，占浙江省总数的三分之一以上；全球20强海运集团已有12家在义乌设立办事处，联合国难民署、家乐福等在义乌市场建立了采购中心，沃尔玛、麦德隆、欧尚、乐购等20多家跨国零售集团常年在义乌采购商品。国际商贸城还设立了国际馆，推出韩国、美国、泰国、日本、印尼、巴西等专业展销平台，已有来自15个国家和地区的1000多种境外特色商品入驻，泰国香料、韩国童车、日本瓷器、非洲乌木、巴西水晶等，琳琅满目的特色商品和浓郁的异国风情，给人一种别样的新鲜感和吸引力。

六、义乌商贸城历史发展的特征演变

义乌商贸城的形成和发展体现出“鸡毛换糖—马路市场—四个允许—兴商建市—定额征税—划行归市—管办分离—以商促工—贸工联动—建设国际性商贸城”的历史轨迹，以及“市场化—工业化—城市化—国际化—城乡一体化”的逻辑主线。

（一）以市场化为主要特征的兴商建市特征

1978年年底，义乌稠城、廿三里两镇农民自发地在马路两侧摆地摊。1982年9月，义乌县委、县政府做出开放小商品市场的决策，第一代小商品市场应运而生。1984年10月，义乌县委、县政府提出“兴商建县”总体发展战略，把市场摆在义乌经济社会发展的龙头地位，使商贸业成为主导产业，并于同年12月建成第二代小商品市场。1986年建成第三代小商品市场。1988年撤县建市后更加重视培育市场。1992年10月，第四代小商品市场投入运营。这一阶段，义乌模式的形成和发展主要围绕小商品市场的培育、建设、管理、提升而展开，农村经济商品化、市场化成为改革与发展的主要动力源泉。尤其是“兴商建县”总体发展战略的提出，最大限度地释放了义乌群众埋藏于“鸡毛换糖”经商传统之中的商品经济意识，激发了他们从事民间商业活动的热情，涌现出一批批经商务工的能人；农村经济专业化和农村工业化大步推进，各行各业专业户大量涌现，专业村、专业镇逐渐兴起，具有较大聚集、示范效应的工业小区开始兴办；以农为主的封闭式自然型的产业结构逐步转变为以工商业为主的开放式商品经济型产业结构。在此过程中，义乌完成了由一个传统农业小县向作为全国最大的小商品批发市场所在地的商贸城市的转型。小商品市场也经历了从“马路市场”到“草帽市场”、再到“室内市场”的演变，先后跨越了四代。这一阶段，义乌模式的主要特点可以概括为：市场先发、商贸主导，带动整体经济快速发展。

（二）以工业化为主要特征的产业联动

商贸业的持久繁荣，离不开产业的坚强支撑。义乌小商品市场之所以能够长盛不衰，一个重要原因就是没有孤立地搞专业市场建设。经过多年的发展和积累，义乌的商业资本利用所掌握的市场信息和销售网络向制造业扩张，政府则因势利导，在推进“兴商建市”总体发展战略的同时，自1993年开始实施“以商促工、贸工联动”的举措，充分发挥在市场发展中业已形成的人才、资金、信息、机制等优势，引导商业资本向工业扩展，大力发展低能耗、低污染、优势明显、市场关联度高的产业和产品。启动工业园区建设，通过“发展、壮大、集聚、提升”，以园区开发建设为载体，形成了袜业、饰品、拉链、服装、玩具、文化用品、五金等众多优势产业集群，并分享全国性销售网络和地域专业化生产这两种集聚效应。推进工业的规模扩张和产业升级，构建了与专业市场紧密联动的工业产业体系，形成了“小商品、大世界，小企业、大集群，小产业、大市场”的发展格局，推动义乌从小商品集散地向小商品流通中心、制造中心、研发中心方向发展。农村经济工业化成为经济发展的主要动力。这一阶段，义乌模式的主要特点是通过以商促工、贸工联动，推动全市工业体系不断完善，经济实现新的跨越。

（三）以城市化为主要特征的城乡统筹

小商品贸易及相关第三产业的迅猛发展，工业化的快速推进，吸引了大量农村和外地人口向义乌城区聚集，使城市化步伐不断加快。为此，义乌将推进城市化和城乡一体化作为经济社会发展的主要动力，相继提出建设基本实现现代化的中等城市、现代化商贸名城等目标，通过大力推进城市化带动全市经济社会发展。自1997年开始，通过产权交易所向社会公开出让部分基础设施的使用权、经营权、受益权，吸引社会资金投入，使交通、电力、通信、供水等条件得到极大改善。在加快城市化进程的同时，依托市场国际化、产业集群化、城市现代化的基础和趋势，把握城乡一体化发展的要求和规律，坚持工商反哺农业和城市支持农村的方针，积极推进农业产业化，推动农村向社区、农民向市民、农业向企业转变，努力促进城乡融合、共享现代文明。这一时期，不仅城区范围日益扩大，城市品位也快速提高。通过开展一系列创建活动，义乌先后荣获“全国社区建设示范市”“浙江省文明城市”“浙江省城市环境综合整治定量考核优秀城市”“浙江省卫生城市”等称号。这一阶段，义乌模式的主要特点是依托城市化和城乡一体化的快速推进，促进全市由农村市场化、工业化主导向城市、城区经济主导转变。

（四）以国际化为主要特征的经济社会和谐发展

进入新世纪以后，义乌主动将国际化作为推动全市经济社会发展的新动力，在2002年出台《关于建设国际性商贸城市的决定》的基础上，2003年进一步明确了建设国际性商贸城市的总体思路，提出：三步走，翻三番，争十强，到2020年成为在国际上有较大影响的商贸城市。着力推进贸易国际化、资本国际化、生产国际化、经济运行机制和行为规范国际化。义乌开始由原先以国内市场为主的区际开放格局向全方位、多层次、多样化的对外开放格局转变，逐步成为浙江乃至全国的日用工业品和纺织品等接轨国际市场、融入国际经济、参与国际分工的重要平台，以及浙江以劳动密集型企业为主体的地方产业融入全球生产网络的重要通道。在大力推进国际化的同时，更加注重经济社会、城乡区域、人与自然等的协同、和谐发展，坚持以人为本，关注不同利益群体的合理诉求，尊重劳动者的主体地位、重视文化多样性，形成了本地人与外地人、本国人与外国人友好相处、和谐创业的良好格局。2008年7月22日，在上半年全市解放思想大讨论中，在广大干部群众取得共识的基础上，义乌市委十二届四次全会扩大会议暨义乌市政府第三次全体会议进一步明确了力争到2020年实现全面建设“国际商贸名城”的发展目标。国际商贸名城——“国际”是方向、“商贸”是核心、“名城”是品质，其基本内涵是：面向国际国内两个市场，聚合国际国内两种资源，以小商品为特色，进出口与内贸并重，打造“三中心两高地”（即：国际小商品贸易中心、国际小商品创造中心、国际小商品会展中心，区域物流高地和区域金融高地），形成政治、经济、社会、文化、生态协调发展，综合实力雄厚、城市功能完善、社会秩序和谐、管理体系高效、文化底蕴深厚、生态环境优美、人民生活富裕，在全球具有较高知名度、美誉度的商贸城市。这一时期，义乌模式的内涵已不仅仅是市场发展所带动的经济繁荣和农村工业化、现代化、城镇化、国际化，它正逐步拓展为一个包含市场提升、经济发展、社会和谐、城市化和城乡一体、区域分工协作等诸多元素的县域经济社会和谐发展模式。

当然，上述各个阶段的主题与特点并非截然分开，而是密切关联、相互交融的，是一个不断发展、提升的过程。后一发展阶段在前一阶段基础上的深化和拓展，体现了继承性与创新性的有机统一。30年来，义乌在传统专业市场向现代商贸、初级市场经济向现代市场经济、城乡二元结构向城乡一体化推进的过程中，创造性地将国际化导向策略引入市场和城市建设之中，不断创新市场管理和商品交易的方式、手段，大胆改革基础设施建设和社会事业发展的投融资模式，首创《城乡一体化行动纲要》，等等，在经济、社会、政治、文化等诸多领域涌现出一系列的改革创新举措，使义乌模式的内涵日益丰富和拓展。现阶段，可将义乌模式的内涵概括为：“兴商建市”总体发展战略，以持续、全面的创新为根本动力，推动产业优化升级、城市功能完善提升、社会和谐稳定进步、城乡统筹协调发展、区域协作互惠互利；依靠和发挥商贸优势、国际化环境优势，推进城市向创新能力强、商贸优势大、国际化程度高的创新型国际商贸名城迈进。

第四章

义乌市场的历史缘由

相对于我国许多其他地方来说，义乌并不具备形成国际性大市场的天然条件，但是套用一种说法，历史选择了义乌，并且使义乌的市场形成了巨大的经济和社会的带动作用。由此，在并不具备天然条件的背后，肯定有诸多的人为条件，在支撑着义乌做出了先行的市场选择，并且奠定了市场的可持续性发展。

一、“鸡毛换糖”

被誉为“华夏第一市”的义乌小商品市场，其历史渊源得追溯到义乌最出名的“鸡毛换糖”。几百年来，“鸡毛换糖”曾经是许多义乌农民重要的谋生手段。正是这份原本用以谋生而走乡串户、沿街叫卖的“鸡毛换糖”，使义乌人用手中的拨浪鼓摇出了全球最大的小商品批发市场。这并非《天方夜谭》中的神话故事，而是发生在浙江义乌真实的历史现实。

“百样生意挑两肩，一副糖担十八变；翻山过岭到处走，混过日子好过年”。这是旧时义乌“鸡毛换糖”商人独特而艰辛生活的真实写照。

“鸡毛换糖”的人又被称为敲糖帮。敲糖帮按生意的活动方

图4-1 义乌“鸡毛换糖”商人

式，进行了严密的分工，具体分为“坐坊”和“担头”两类。“坐坊”，其组织有“糖坊”“站头”“行家”“老土地”四种。“糖坊”的任务是把煎好的糖粒、糖饼、生姜糖用现金或货物贷给敲糖人，同时还收购代销敲糖人收来的货物；“站头”就是敲糖帮居住的小客栈，并经营糖担托运业务；“行家”专事采购各类小百货以供敲糖帮经营；“老土地”专收敲糖帮换回的货物。而“担头”，则是挑糖担赶生意者。“担头”里有几个领导人物，称为“老路头”，这类人由精于敲糖业务的人担当，且是“敲糖帮”中公议推举的“精英人物”，其任务是由其独当一面，统率一路糖担；“老路头”下又有“拢担”，是各村糖担的首领，由村推举并负责带领本村糖担，其能力略逊于“担头”；“拢担”下又有“年伯”，“年伯”的职位是由“拢担”任命，其任务是协助“拢担”的工作，同时，“年伯”要照管五至七副的“担头”；最后是糖担，又称“担头”。这些“担头”，就是“新手”，即初次出门的敲糖人，如同工匠所收的学徒，由“年伯”带领指导。另外，在吸收新糖担上，也要行拜“年伯”的手续。

图4-2 “鸡毛换糖”中的“担头”

义乌“鸡毛换糖”的历史渊源可追溯到明末清初。鸡毛换糖的形成，是以义乌明末清初以来的红糖加工业为基础。从清初直到20世纪80年代，大约经历了300多年的历史，自有其产生发展的历史背景。第一，人多地少的矛盾。第二，鸡毛做肥料的传统施肥方法。第三，频繁的灾患。第四，得天独厚的地域文化的影响。第五，较强的主体素质。这些因素直接或间接地影响到义乌小商品市场未来的发展。

“鸡毛换糖”生意经历几百年的历史沧桑之后，其商业活动增添了新的内容。早时换糖人外出所带货物一般只是本地所产的红糖，及用红糖加工的各种糖粒糖块，换取鸡毛；将所交换来的上好的羽毛加工后出售，余下的用来做肥料。因此，严格来说，并不是“鸡毛换糖”，而应该是“糖换鸡毛”。

图4-3　换糖人

随着时间的推移，他们的糖担里逐渐增加了针线、发夹、手帕、头巾之类的货物，改变了单一的鸡毛换糖经营方式，增售日用小商品，并逐渐以此为主业。到 20世纪七八十年代，换糖人应时而变、与时俱进，开始转变经营策略。20世纪 70年代后期，一些换糖人专做长途贩运生意，逐渐也由此形成了一支小商品采购大军。同时，其中部分心灵手巧之人开始自己摸索加工一些小商品，在集市上售予外出换糖人及消费者，于是，一个自发的小商品市场悄然形成。

二、义乌人困境中艰难求存的商业进取品格

如前所述，在改革开放之前，义乌人多地少，人均耕地不到333平方米，资源禀赋先天不足，如何吃饱饭都是一个大问题，是浙江省内出了名的穷乡僻壤。当时，在周边区域，“义乌佬”是一个充满贬义色彩的称呼。

在这样一种历史环境中逆势崛起，义乌人性格中的进取精神起到了基础性的作用，这种商业进取精神在改革开放的市场环境中得到了正能量的释放。

商业文化，包括商业传统具有一定的区域特性，同时也具有不同区域的并发性。事实上，从空间上来看，义乌商业文化的渊源，可以追溯到以永康、金华和永嘉三学派为主体，在浙江具有深厚影响的浙东事功学派的功利主义哲学，因此，从某种角度上来说，整个浙江省范围内都涵盖在这种商业文化的氛围之中。但是，为什么只有义乌抓住了这种商业文化繁荣强盛的历史契机？而且从历史上来看，我国形成商业传统的区域是非常多的，大的著名的如徽商晋商等，小的如与义乌几乎近邻的在龙游商帮等，但为什么只有义乌抓住了我国从计

划经济向市场经济转型的商业契机？因为义乌的商业文化自有其与众不同的独特品格，正是这种性格培育了义乌人独特的商业文化传统，并且使其抓住了我国改革开放的历史机遇。

义乌人这种独特的商业品格可以追溯到从清朝的乾隆年间就开始的“鸡毛换糖”行为。由于“鸡毛换糖”路途远、担子重、风险大、利润薄，养成了义乌人特有的“刚正勇为、勤耕好学”的精神，历史上既涌现出了骆宾王、宗泽、陈望道、冯雪峰、吴晗这样的大政治家、大军事家、大文豪、大学者，以及明代戚继光抗倭时以英勇善战著称的“义乌兵”；也培育出了一代代秉持诚信公道、薄利多销商业文化的小商小贩；更涌现出了诸如周晓光、翁荣金、宗谷音、冯潮兴等一大批“敢为人先”的著名企业家。改革开放以后，正是那些曾经“鸡毛换糖”的“苦行者”，最先萌生了做小商品生意、办小商品市场的想法。

义乌在文化传统上深受以吕祖谦、叶适等为代表的浙东事功学派的影响。这主要表现为义乌人所具有独特品格：一是闯荡天下的拼搏精神；二是坚持义字当头、义利并重，讲究商业道德，守诚信，戒欺诈；三是不以利微而不为，坚持在对方赚钱前提下我再赚钱，“人赚九我赚一”的经商理念。如果说“义乌兵”是义乌商人刚正勇为的历史渊源，那么“敲糖帮”则是培养义乌人经商传统的大学校。因此，“义乌兵”与“敲糖帮”成为义乌的两个最典型的群体代表。正是在一批又一批“敢为人先”的民营企业家和个体工商户的不懈努力下，义乌才成为一座极具竞争力的商贸城市，培育了全球最大的小商品批发市场，成为一座城乡区域协调发展的和谐城市。

应当指出，虽然义乌已经创造了自身的“商业繁荣”，但迄今为止，尚未真正形成自身的“商业文明”，尤其在市场主体的素质提升和商业文明建设方面，还任重而道远。在目前这样一个阶段，义乌的市场主体必须摆脱“亚当夏娃偷食禁果”的原始性，要再造适应国际一体化的秩序基因，运用一体化的市场规则，创造秩序型的经营环境，建设人类共同的“商业文明”。可以相信，经过传承、提升和创新，义乌商人必将构建一种符合新时代要求的商业文明，从而为全国乃至全球的商业发展树立典范。

三、义乌人打过的改变了明朝历史的群架

根据史料记载，明朝嘉靖年间，浙江沿海倭寇为患，朝廷多次派兵进剿，都大败而回。1555年，在山东御倭有功的戚继光，被调到浙江抗倭。就是在这个时候，他路过义乌，目睹了义乌人那场惊天动地的打架事件。

明代崇祯《义乌县志》记载，这场打架事件发生在嘉靖三十七年（1558年），永康人在倍磊八宝山一带发现银矿，于是召集上千人前往抢矿，倍磊大户陈大成等率领族人奋起护矿，于是爆发了大规模的械斗。

刚开始义乌好几人被打死，后来赤岸、毛店等地的人都参与进来，共聚集3000多人踊跃反击。双方旷日持久的械斗从4月持续到10月，最终以义乌人胜利告终。

这是一场让戚继光印象深刻的群架，也让无数平凡的义乌百姓在那一刻变得不平凡。他们不论男女老幼，大家一同上阵，用所有能找到的武器打击敌人，农民用锄头，矿工用镢头，连家庭主妇也拿起了菜刀，眼中露出凶光，高喊着冲进敌阵，大砍大杀，生人勿近。他们不但表现勇猛，还极具牺牲精神和不屈的斗争传统，父亲伤了儿子替，哥哥残了弟弟上，就连被人打到剩一口气，抬到家就死的人，临死前还要留下一句遗言：我死之后，你们接着打！

这真是一片神奇的土地，戚继光为此发出了由衷地感叹。戚继光不认可械斗，但义乌人的勇敢、团结、彪悍让他佩服。

于是就有了《练义乌兵议》的奏章："无兵而议战，亦犹无臂指而格干将。闻义乌露金穴括徒，递陈兵于疆邑，人奋荆棘御之，暴骨盈野，其气敌忾，其习慓而自轻，其俗力本无他，宜可鼓舞。及今简练训习，即一旅可当三军，何患无兵？"

获得浙江总督胡宗宪同意后，1559年9月，戚继光前往义乌招兵，并设置了重重规定，只吸收不投机取巧、不怕死的老实人当兵。经过选拔，有4000多义乌人光荣入选。后来，戚继光又曾两次到义乌招兵，每次各10000人，数次大约共招了26000人。

义乌兵也没让戚继光失望。他们不仅纪律严明，更有官兵之亲密团结，历代兵家所倡导的“官兵同欲”在义乌兵中有着充分的体现，也因此，义乌兵能够达到全军一致，浑然一体。自此，从军尚武遂成为义乌当地的民俗。

经过严格训练，以义乌兵为主体的戚家军，成为中国历史上最能打的一支队伍。自成军起，转战浙江、南直隶、福建、广东，大小数百战未尝败绩。

万历年间，戚家军甚至雄赳赳跨过鸭绿江出征朝鲜，抗击日本丰臣秀吉侵略，保卫了大明北疆的安全。

通过几个战役可以一窥义乌兵的神勇：

嘉靖四十年（1561年）台州之役，经新河、花街、上峰岭、藤岭、长沙等战斗，十三战十三捷，斩杀真倭3000余，烧杀溺毙无数。

福建之役，戚家军总兵力6000余人，经横屿、牛田、林墩三战，斩真倭5000余，其中横屿之战是一场精彩的步炮协同作战，先以火炮击沉倭寇战船并轰击倭寇大营，再以突击队强行登陆突破倭寇本阵，斩杀倭寇头领。

嘉靖四十二年（1563年）平海卫、仙游、王仓坪、蔡丕岭四战，戚家军斩真倭20000余人，另于广东剿灭勾结倭寇的海盗吴平，斩从倭30000人，吴平逃亡海上。同时还创造了以平均每22人伤亡，换取斩杀1000人的冷兵器时代敌我伤亡比例的奇迹。

这些朴实彪悍的义乌农民、矿徒，视国如家，英勇杀敌，其统帅戚继光也因这支勇猛彪悍的军队成为中国历史上的名将。

戚家军中也涌现了一批义乌籍名将，如童子明、陈大成、王如龙、朱文达、陈子銮等。这些赤胆忠心的义乌将士，以他们的血肉，捍卫了一个民族的尊严，也为其后代子孙奠定了搏击商海的独特气质。

四、“鸡毛换糖”中的精神财富

发轫于宋、发端于民间的“鸡毛换糖”，是义乌人白手起家的一部史诗。一粒糖块、几把鸡毛，“一根扁担一张嘴，两只箩筐两条腿”；困苦、艰辛、挣扎、汗水，“一杯酒，千滴泪”，历尽千百年历史，历经千万人前赴后继，在20世纪80年代初终于汇聚成了浙中地区改革开放的一股巨大洪流，推动并完成了义乌从贫穷到富裕的艰难迁徙。

伟大的事业孕育伟大的精神。这种精神，值得我们代代传承，继续发扬。

“鸡毛换糖”活动鲜明地彰显着义乌人勇于开拓、创新求变的精神。义乌自古“地穷人密，山水贫瘠”，但他们不认命、不甘心、不等不靠、自立自强，“不给生路，自寻生路；没有活路，自我拓路”，主动走出家门、挑担远行，干起了农业社会最为边缘化的小生意。繁忙时节，甚至“倾巢而出，十室九空”。改革开放前后，老一辈义乌人更是继承前人之志，沿着前人的道路，依靠自己的智慧，凭借自己的胆识，披荆斩棘，百折不挠，创新求变，硬是在“祖国山河一片红”的集体经济中鼓捣出了“土特产经济”；在“铁板一块”的计划经济体制下繁衍出了“小商品经济”；在既无天时又无地利、“一穷二白”的困境中催生和孕育出了一条繁盛的“兴商建市”之路。

对富裕生活的期盼驱动了“鸡毛换糖”人的闯荡意识、拼争意识。“鸡毛换糖”活动蕴含着义乌人敢破敢立、敢闯敢拼的精神，这一点，尤其体现在改革开放之初。严苛的“计划经济”体制下，老一辈的创业环境远没有今日这般宽松优裕，上有“资本主义尾巴”的帽子，下有“打击投机倒把”的棍子，面对的是“洪水猛兽”的批判，直面的是“红头文件”的禁令，而且时时面临着“人要抓、钱要罚”的威胁。环境如此恶劣，他们却不畏怯、不退缩、不迟疑、不犹豫，以大无畏的英雄气概勇闯“雷区”、敢触“红线”，用单薄的铁肩肉躯为义乌市场这座伟岸丰碑作了最坚实的奠基。

养家糊口的责任锻造了“鸡毛换糖”人的牺牲意识、奉献意识，“鸡毛换糖”活动孕育着义乌人艰苦奋斗、务实苦干的精神。卷帙浩繁的历史典籍告诉我们，一部“鸡毛换糖”史就是一部血泪史、一部奋斗史。“每一次出发，总是在过年炸响的鞭炮声中；每一次远行，总是在阖家团圆的温柔乡里”。手摇拨浪鼓，肩挑货郎担，他们离乡背井，披星戴月，甚至历尽指责、受尽欺凌。多少次人散货乱，多少次无果而返，多少次饮恨苍天，但他们无悔无怨，跌倒爬起，依然不耻蚁行、前赴后继，在世人一片“义乌佬”的蔑称贬损中成就了今天受人尊敬的“一代义商”。

敢破敢立、创新求变、艰苦奋斗、务实苦干的“鸡毛换糖”精神，是千百万义乌人历经千百年积淀孕育，尤其是在最近30多年改革开放和现代化建设的伟大实践中培育、塑造的一种时代精神。这一精神自20世纪80年代形成以来，不仅揭开了义乌发展史上波澜壮阔、异彩纷呈的崭新一页，让义乌成了“全国18个改革开放典型样板”之一，而且对浙中地区、浙江省乃至中国经济社会发展产生了积极而深远的影响。

一部沾血带泪的“鸡毛换糖”史，一场波澜壮阔的“鸡毛换糖”活动，一种不屈于摆布、不甘于命运的“鸡毛换糖”精神，不仅让我们知道了“什么叫不信邪，不认命”，让我们读懂了“什么叫尊严勇气，什么叫昂然挺立”，更让中国看到了一个有勇气的义乌，让世界看到了一个有竞争力的义乌。这是义乌人民的一笔最宝贵财富，是全市经济社会发展的强大精神支柱和内在动力，更是推动当前各项事业蓬勃发展的珍贵“市魂”，具有深远的历史意义和鲜明的时代价值。

五、“鸡毛换糖”中的经济学意义

义乌市东、南、北三面环山，丘陵起伏，土壤贫瘠，人多地少，人均耕地不到333平方米，资源禀赋先天不足。当时全县只有两家工厂，人们连吃饭都成问题，在改革开放初期是浙江省内出了名的穷乡僻壤。当时，在周边区域，“义乌佬”是一个充满贬义色彩的称呼。

为了在这种近乎残酷的条件下获得足够的生存空间，义乌人探索出了一条独特的拓展路径，这就是现在名扬天下的“鸡毛换糖”。所谓“鸡毛换糖”，是指在20世纪七八十年代物资匮乏的年代，义乌的“敲糖帮”小商小贩走南闯北走街串巷，以糖、草纸等低廉物品，换取居民家中的鸡毛等废品以获取微利。

“鸡毛换糖”之所以可以这样逆势飞扬，根源在于其内向式的资源集聚的经济学意义。“敲糖佬”们把自产的糖梗制作成红糖，然后再加工成为牛皮糖，以此到其他地方换取农民家庭过年杀鸡时所剩下的鸡毛。鸡毛换回来后，首先进行分拣，好的鸡毛制作成鸡毛掸子用于出口创汇，差的鸡毛与泥土混在一起经过腐烂成为肥料，施用于本地的糖梗田和水稻田中，以此来提高糖梗和水稻的产量，然后就有了更多的粮食，也有了更多的可以换取鸡毛的红糖了。由此可见，“鸡毛换糖”准确的说法应当是“糖换鸡毛”，是在计划经济年代里义乌人民以自己的勤劳和智慧创造的一种目的在于内向地集聚资源的外向式经济和循环经济，是其在计划经济体制加上农业自然经济条件的诸多约束下，努力拓展内部生存空间的一种特殊路径。事实上，国际商贸城的发展也可以视作义乌人民为拓展生存空间而进行的一系列制度创新，其所具有的内向式资源集聚效应，当然是当初的“鸡毛换糖”不可同日而语的。

这种外向式的循环经济发展模式更加重要的一个作用是潜移默化地铸就了义乌的商业传统，并在此基础上形成了独特的商业文化。义乌人正是在这种争取毫厘、积少成多、勇于开拓的创新精神和百折不挠、善于变通、刻苦务实的实干精神引导下，在制度管制稍微放松时，获得了从计划经济向市场经济跨越的先机。

毋庸置疑，义乌传统的商业文化对小商品市场的发展起到了重要的作用。义乌的商业文化与现代市场经济的基本要求有很多一致或相似之处，主要体现在以下几方面：第一是独特的经济价值观。改革开放初期，我国传统的社会价值观开始受到新时代的冲击，几千年来以传统的伦理道德为中心的价值观正面临着革命性的变革。在党的改革开放政策的激励下，义乌人的价值观革命提前进行，以经济价值为中心的价值观首先在义乌小商品市场登上历史舞台。从地缘文化的角度看，义乌商人既缺乏处于政治文化中心的人们所特有的政治头脑，也没有边远地区人们根深蒂固的“重义轻利”传统观念，而是形成了自己独特的经济价值观：他们不过多揽权干政，而坚信中央的富民政策；他们不死抱传统道德信条，而承认市场竞争的合理性；他们不满足现状，而敢于创新思维。义乌人独特的经济价值观尤其明显地表现在两个时期：在市场创办时期，他们巧妙地利用“时间差”“空间差”和“信息差”，做到“人无我有，人慢我快，人旧我新，人贵我廉”；在市场兴起之后，他们又通过学习，取得了“技术差”和“管理差”，做到“人次我优，人低我高，人普我特，人平我奇”。

第二是普遍的冒险精神和较强的社会流动性。创业就要冒险，有风险才有收益，高风险才能高收益。与其他地区相比，义乌商人从小跟随父母在外走南闯北，养成了很快就能适应陌生环境的冒险精神；他们对未来不确定性的承受能力很强，敢于为了正当的商业利益铤而走险。更重要的是，义乌的社会环境允许失败、宽容失败，他们敬佩敢于拼搏的失败者。许多人不怕失败，失败了哪怕是负债累累也要设法“东山再起”，并且往往会达到目的。义乌小商品市场和产业集群的兴起与当地人社会流动性大具有很密切的关系。改革开放的初期，具有高人一筹的眼界和灵敏信息的义乌人就开始到全国各地做小生意，他们一方面积攒本钱，另一方面收集各种信息。一旦时机成熟，他们就把所听到、看到的信息，连同在生意场上积累的技术、资金、经验和项目，带回自己的家乡，搞起个体经营。当摊店、企业日益兴旺，资本也较多以后，许多老板又纷纷出国考察，在国际市场寻找商机，甚至在国外兴办市场、商店、公司，与其他许多地方仅仅习惯于在家乡务农的人形成了鲜明的对比。我国由于长期处于传统农业社会中，人们一般“安土重迁”，不愿抛舍初级人际关系去进行空间的迁徙，而义乌人则在“走出去”方面走在了全国的前列。

第三是竞争与诚信包容并存的商业传统。义乌商人既敢于和善于竞争，又能注重诚信，包容竞争对手，习惯于同行之间的公平竞争，这是为数众多经营、生产同一产品的企业和个体户能够在同一个市场或区域和平共处的关键。例如，义乌的袜业产业集群能够集中全球最大的几家袜业集团，这同竞争与诚信包容并存的文化传统息息相关。长期在义乌做生意的外国人多达8000余人，他们能在各种文化的撞击与交融之中扎根义乌，与当地竞争与诚信包容并存的商业传统是密不可分的。

第四是可贵的学习精神。一些义乌人从外面带回了信息，搞起了自己的企业或经营项目，其他人看到有广阔的市场前景，有利可图，就纷纷学习、仿效，从而产生了由许多生产同一产品的企业所结成的产业集群或经营同类商品的商业集群。目前，随着市场的日益国际化，许多义乌人纷纷学习电脑、外语，已经蔚然成风，使整个义乌具有了以“干中学”为标志的学习型社会的特质。

六、义商的特质①

义商，是一个特殊的群体，一个时代的符号。

他们从“鸡毛换糖”的拨浪鼓声中走来，从改革开放的春风里走来；他们随义乌市场的发展茁壮成长，在市场经济的洗礼中走向成熟；如今，他们终于成型，破茧成蝶、名震四方、独树一帜，成为一种成功的经济符号，位列中国商帮之林，可谓实至名归！

① 义乌发布. 2016-02-09.

“莫名其妙、无中生有、点石成金”，这是中共中央总书记、国家主席、中央军委主席习近平在就任浙江省委书记时，对义乌发展经验做出的高度概括，精辟诠释了义乌改革开放以来的精彩巨变。

就在近几年，习总书记在多个重要的外事场合提及义乌，对义乌的发展成就予以高度评价。2015年12月4日，习总书记在约翰内斯堡出席中非领导人与工商界代表高层对话会暨第五届中非企业家大会闭幕式并发表题为“携手共进，谱写中非合作新篇章”的重要讲话。习近平在讲话中曾这样表述义乌：“在我曾经工作过的浙江省，有一个小城叫义乌，号称世界‘小商品之都’。”

中共中央政治局常委、国务院总理李克强于2014年11月亲临义乌视察时，曾这样评价义乌市场：今天的义乌国际商贸城足以与当年的《清明上河图》媲美，堪称当代“义乌上河图”！义乌小商品是中国的名片，义乌市场是中华振兴的基地。

昔日“鸡毛换糖”讨生活，如今鸡毛不仅飞上了天，而且还飞遍了全世界！

义乌传奇的背后，其实就是义商传奇！

解读义商特质，其实就是解读义乌的商业理念、商业文化、商业精神，更深层次就是解读义乌民俗、义乌文化、义乌精神。

改革开放以来，全国各地市场风起云涌，但至今都很难与义乌相提并论，这就不能不归结于义乌深厚的商业传统和独特的商业文化精神。义乌商人不仅传承了“拨浪鼓”代表的“义乌商魂”，而且不断创造出新的义乌现代商业精神。

义乌深厚的文化底蕴，孕育了“勤耕好学、刚正勇为、诚信包容”的义乌精神，形成了具有地区特色的“拨浪鼓文化”和强烈的市场经济意识。义乌商人作为义乌人中具有深厚商业基因的佼佼者，特定的自然环境、文化氛围和长期商业传统熏染，熔炼出义乌商人特有的群体性格。义乌商人尊崇孝义，他们从“乌鸦与孝子”的传说中开启地方文脉，汲取精神力量；义乌商人注重情义，他们常说“客人是条龙、不来要受穷”；义乌商人讲求信义，他们在“鸡毛换糖”的经商实践中深深体悟到诚信为本的要义；义乌商人敢闯敢创，义乌民间有句俗语，“天上有金子掉下来，也要你自己走出去捡”；义乌商人不欺生、不排外、不仇富，秉持“你发财、我赚钱”的信条，形成了薄利多销、义利并举、诚信为本、重商亲商的商业理念和商贸文化。

改革开放春风吹拂神州大地，义乌深厚的文化底蕴和义乌商人独特的创业精神，得到了充分的激活和释放。义乌商人勇敢跳出计划经济的窠臼去自谋生路，主动走向市场去参与市场竞争，勇于走南闯北去寻找商机，无所畏惧跨出国门去开拓国际市场，凭着自强不息、敢于吃苦的精神，硬是把一个资源禀赋先天不足的义乌培育成了全球最大的小商品市场，成为“小商品海洋、购物者天堂”。义乌商人也因此锻造成为一个独具特色的商帮。

义乌商人勤劳俭朴，勤劳是义乌人的优良品质。“白天当老板、晚上睡地板”是许多义乌商人的生动写照。义乌商人中的绝大多数都是农民“洗脚上田”而来，他们保持着中国农民最朴素、善良、勤俭的本质。走上富裕之路后，义乌商人中的很多人仍然保持着勤俭持家、成俭败奢的生活态度，衣食住行依然非常俭朴，用钱生钱、追求事业、追求发展，很少会沉迷于享受。

义乌商人坚韧不拔、敢为人先。“敲糖帮”和现代的义乌商人就是靠着“走遍千山万水、历经千辛万苦、道尽千言万语、想尽千方百计”的“四千”精神，善于从“微利”里淘金，不断地以小见大。这种坚韧不拔的韧劲使得义乌“莫名其妙”地发展起来。义乌人从来不甘人后，敢想敢干，敢为人先。许多别人不敢想的事，义乌商人都敢于尝试，义乌商人就是那敢于“第一个吃螃蟹”的人。

义利并重、诚信善商。义乌商人恪守诚信为本的商业道德，坚持“人赚九我赚一”的准则，“不以利小而不为”，积少成多，集腋成裘，具有蚂蚁搬家的精神，被称作“蚂蚁商人”。千层之台，起于垒土。义乌大市场源于义乌商人以小博大、厚积薄发的精神，以量的积累，最终导致质的飞跃，从“鸡毛换糖”一飞冲天到今日享誉全球的国际商贸城市。

包容开放、和而不同，和气生财在义乌商人身上表现得淋漓尽致。义乌地方虽小，心胸却大，敞开胸怀迎接海内外客商。从闯荡天下的货郎担到“全国小商品流通中心、贸易中心”，再到今天的世界“小商品之都”，都体现了义乌商人“海纳百川、兼收并蓄”的开放心态。

放眼全球、开疆拓土。义乌商人从小就跟随父母在外走南闯北，闯荡市场。凭着义乌商人高人一筹的眼界和灵敏的信息，在义乌市场赚到了“第一桶金”，很多义乌商人开始到全国甚至全世界各地做小商品生意，或投资兴业，甚至办起了各类市场。他们把义乌商品、义乌市场、义乌模式、义乌精神也带到了全国、全球各地，展示了义乌商人的独特魅力。哪里有市场，哪里就有义乌商人；哪里没有市场，哪里也会有义乌商人。义乌商人开疆拓土，闯荡江湖，演绎了无数传奇故事。

从1982年义乌市场正式开放，经过30多年如歌岁月，义乌用传奇写就鸿篇。这些年来，义商一路同行、携手走来，共同绘就了华丽篇章。义乌市场在国际上声名鹊起，证明了敢为人先的义乌人，要么不做，要做就做最好；要么不争，要争就争一流。在每一个发展阶段勇立潮头、勇攀高峰，摘取了一个又一个当之无愧的桂冠。

一部义商史，就是一部创业史，也是一部励志书。义商作为浙商中的一支劲旅，与浙商一道在演绎“中国第一商帮”传奇的同时，也将“义商精神”和“浙商精神”不断升华。他们筚路蓝缕，山重水复，历练出“走遍千山万水、历经千辛万苦、道尽千言万语、想尽千方百计”的“四千”精神。如今，全世界的浙商、包括义商正用“千方百计提升品牌、千方百计保持市场、千方百计自主创新、千方百计改善管理”的“新四千”精神，在转型升级的进程中再立新功，再创辉煌。

七、义商成功的共同“秘诀”[①]

天下义商，情系家乡。2016年2月13日，首届世界义商大会在义乌召开，海内外数百名优秀义商代表在家乡齐聚一堂。这是义乌有史以来规模最大、规格最高、影响最广的义商精英盛会，对于许多义商来说，这次会议更是一次思想盛宴。

浓浓的乡音吐露着归根的心声，经历了艰苦创业之后，如何做大做强，如何转型提升，如何回报家乡，成为了大家共同的心声。

在大会前后，中国义乌网记者采取微访谈的形式对部分义商进行了采访，邀请义商代表用一个字简要概括义商特质。

（一）经营“诚”为上

在受访的32位义商代表中，有7位代表说的是“诚”字，成为出现频率最高的一字。

新光控股集团有限公司董事长周晓光说，“在全国和世界各地，浙商中有很大一个群体是义商，义乌商人不论是做生意还是做企业，都是踏踏实实，诚信经营的，义乌商人诚信经商的口碑非常好，我作为义商的一员也感到十分自豪，同时，也希望义商精神能继续发扬光大。”

义乌罗兰饰品有限公司董事长、加拿大国际中国商会会长陈庆文则说，人生善为本，诚信行天下。诚信确实不是人们看得见摸得着

① 蒋守洋．义商成功的共同“秘诀”．世界义商研究院，2016-02-15.

图4-4　义商总会第一届理事会成员与义乌市领导合影

的有形资产，但是对于一个商人来说，不仅需要制定正确合理的经营战略，更重要的是树立市场经济下的诚信意识。

澳大利亚浙江商会常务副会长王光德表示，之所以选择用“诚”这个字，是因为自己对靠双手致富离不开诚信这一信条毫不怀疑，相信诚信经营能保证利润和产品口碑的双丰收。

薄利多销，价廉物美，诚信经营，义商用“诚”字让义乌小商品走向了全世界。前不久，义乌还把1月9日设为“诚信日”，寓意“一言九鼎”，号召全市上下共同托起诚信之鼎。

（二）“义”字在利前

义商义商，这个“义”字，既是家乡的名字，也是经商的前置。不少受访者都把“义”字作为自己表达义商精神的精要。

义乌特定的自然环境、文化氛围和商业传统的熏陶，熔炼出义乌人特有的群体品格，他们特别讲一个“义”字，崇孝义，重情义，讲信义，明大义，以义取利，义利并举，形成了具有义乌特色的商贸文化。

中国博客教父、互联网实验室创始人方兴东说，当面临“义”与“利”之间的两难选择时，宁愿“义”字当头。“义”体现了义乌商人身上的普遍精神。

周淮山也把注重对“义”和义商的研究发掘和传播作为自己的重要工作，以“放眼世界，研究义商、服务义商、提升义商、宣传义商”为使命。

陈晓锋则用义气、诚信、仁义三个词诠释了他所理解的“义”。

获得“商城回归奖”的华侨成建新认为，无论做人、做生意，都要遵守道义。他说，“义乌终归是我的家，虽身在国外，但惦念的却是家乡。希望今后能回到义乌，为家乡做出贡献”。

（三）敢闯敢创做“实”业

沧海横流，方显英雄本色。义商，从来就是在夹缝中求生存，在困难中谋前进。在经济新常态下，义商们也纷纷表示要坚定信心专注事业，要做创业创新的开拓者。

闯、创、实，亦是不少义商用数十年人生经历写出的大字。

软通动力集团副总裁季献忠说，义乌人一直都有一股闯劲儿！原来没有市场的时候，义乌人先闯出一个市场，没有生意也自己找生意……现在，虽然义乌正面临着转型的关键时刻，但仍然需要继续发扬义乌人这种“闯”的精神。

华鸿控股集团董事长龚品忠从借款2000元，到创办资产总额近10亿元的公司，无论是起步阶段还是转型阶段，他都是凭着这股“闯”劲，诠释了义乌人敢为人先的创业精神。

而在跨境电商贾才民看来，“闯”字贵在敢、猛、快，敢于创新、求新，寻找新的生机和着力点！

双童吸管董事长楼仲平在解释“实”字的时候说，实在、实事、实效，回归商业本质，才能创造实实在在的价值。

（四）更多义商“金字”

陈萍：家。富贵不忘家乡，多回家看看。有条件的把在外学到的好经验、好产品、好技术、好项目带回家，共同努力，把家乡建设得更加繁荣昌盛！

方志明：归。落叶归根，心系故土，是每个义乌人永远割舍不了的情怀。走得再远，义乌永远是家；企业再大，总想回家。

丁尔民：和。人和，是无与伦比、永不枯竭的宝贵财富，也是丁尔民奉行的经商之道。

厉文海：勤。没有勤劳的付出，就不会有如今的自己。

楼洪文：让。做生意要细水长流，要与客户共进退。能赚八分的只赚六分，让利给客户，保证客户的利益。进而，老客户会带动新客户，实现共同发展。

童昌茂：忍。义乌市场历经20多年不衰，靠的就是我们义乌人坚韧不拔的精神，而我从义乌初到迪拜，再从迪拜回到义乌，有今天的东方之星，靠的也是这个“忍”字。

金鹏：进。义乌的先发优势要转化为长期资源还有很大的进步空间。

何洋：新。作为一个土生土长的年轻义商，我们要走不同于传统企业家的新道路，在新的领域找到自己的竞争力。

丁国良：系。身在国外，心系义乌，时刻惦记的是家乡情。

当然，还有更多义商也说出了自己心目中的那个字，容、爱、追、变……

在首届世界义商大会上，所有义商发出共同倡议，要同心同德，创业创新，发扬义商“敢闯敢干，义在利先”的精神，以最辉煌的业绩，赋予义商最深厚的内涵，打造义乌商帮的金字招牌，回报生育养育自己的乌伤大地。

八、义乌市委市政府与时俱进的“创新”举措

在一个具有5000多年集权主义文化传统的国家中推行市场经济体制，政府必然要被赋予更多更大的资源配置权力。或者换个角度来说，在中国的市场经济大潮中，政府必须是“有所为”的政府，在充分发挥市场在资源配置中的决定性作用，促使微观主体的活力迸发的

基础上，必须在更大的程度上发挥政府的引导、调控和服务职能。对于义乌商贸城的形成和发展，市场主体无疑起了基础性的作用，而“党政有为”则是义乌商贸城得以形成的关键性的外部推动因素。义乌较为成功地处理了市场“无形之手”与政府“有形之手”的关系，市委市政府确立并始终坚持“兴商建市”总体发展战略，总揽全局、把握方向，把抓好市场作为经济工作的首要任务，推进市场硬件完善、功能拓展、业态提升，从而为义乌商贸城的形成和发展创造了良好的环境，提供了有力的保障。

义乌市委市政府在市场创建过程中的“有所为”首先表现在当初对“资本主义尾巴”从“割”到“放”的管理转型上。早在1978年冬，义乌的闹市区县前街（现为市民广场）出现了几十个专卖小商品的摊贩。每逢集市日，这些地方随地设摊，沿街为市。1979年后，市场越来越大，仅半年时间，摊贩增至100多个。

起初，义乌市委市政府（当时是“县委县政府”）有关部门坚定地执行当时既定的“割资本主义尾巴”的政策，对摊贩一概采取“劝、赶、堵”的办法，可是效果不佳，冲突时有发生。

在这种情况下，义乌的“商业精神”在“恰当的时间”以“恰当的方式”发挥了“恰当的作用”，而由这三个“恰当”组合的义乌独特的“商业精神”，正是历史选择了义乌的本质根源。

现在一种流行的说法是，1982年，一位叫冯爱倩的农村妇女在马路上偷偷做买卖，因为政府职能部门的“劝、赶、堵”而被没收了提篮，于是她横下一条心冲进了当时的县委书记办公室，和时任县委书记的谢高华同志“吵”起来。面对一个农村妇女的“愤怒”，作为当时义乌市的最高行政长官的谢高华，并没有采取当时通常的做法，即把冯爱倩“抓起来”，反而从她的话中引发了思考，认为让老百姓从事个体经商，勤劳致富是符合中央改革开放精神的，也是切合义乌当地实际的。更加重要的是，在观察到小摊小贩的“制度合理性”之后，谢高华同志及当时义乌县委县政府一班人以他们“大无畏”的“革命精神”和“大智慧”逐渐放宽了对小摊贩的管制政策，税务等相关部门除了收取一定的税费外，既不干涉，也不管理，允许农民进城经商办厂，允许长途贩运，允许多渠道竞争，允许开放城乡市场，小商品市场就在这放任自流状态中壮大起来了。由此，一个改变整个中国经济格局的巨大市场从此扬帆起航了。

义乌市委市政府与时俱进的创新举措还体现在市场监管过程中不断地创新政策。从“鸡毛换糖”到马路市场，从“四个允许”到兴商建县（市）再到定额征税，从划行归市到管办分离，从以商促工、贸工联动到国际性商贸城市，等等，这些概念都是对义乌发展历史上一系列自主创新，尤其是原始创新活动的概括。它们或者开展前所未有的、创新性的活动，或者提出前所未有的、创新性的政策、策略和目标，或是采用前所未有的、创新性的管理模式。所有这些，都符合原始创新就是提出前所未有的、创举性的理论、观点、思路或者开展相应的活动并取得崭新的成果这一内涵。

具体来说，义乌市委市政府的市场政策创新可以划分为以下几个历史阶段。

首先是冲破传统体制束缚，提出“四个允许”，果断兴办第一代小商品市场。如果说1982年义乌县政府批准由城阳工商所出面兴办第一代小商品市场，紧接着县委宣布“四个允许”是一次“政治冒险”的话，那么现在看来，这次“冒险”显然是一个超前的、成功的“有为”决策，对义乌小商品市场的发展和而后“义乌商圈”的建设，都起到了决定性作用。允许农民经商，极大地增加了市场参与者的数量，使市场向广大农民开放，促使农民离开土地从事小商品的生产、运输、销售等业务，大批农民开始向小商品经营者转变，加快了小商贩业主化、农民市民化的步伐；并为日后大批民营企业家的诞生、成长奠定了基础。允许从事长途贩运，使经营场所和范围迅速扩大，突破产地市场、本地市场的限制，使小商品的交易范围向周边县市区和省内其他县市乃至省外拓展；经营模式由自产自销为主向“买全国货，卖全国货”转变，既有本地生产本地销售，也有本地生产外地销售，还有外地生产本地销售。这种跨区域的商贸往来逐步推动了跨区域的分工协作关系的发展，成为“义乌商圈”形成和发展的关键。允许开放城乡市场，使得原先流动的小商小贩有了固定的经营场所，使市场集聚要素、商品、人气、信息，以及降低价格搜寻成本等功能得以充分发挥，推动国内外相关经济主体和区域围绕义乌小商品市场开展商贸往来，并逐步强化相互之间的分工协作关系，为而后

“义乌商圈”网络的形成和发展构建了最初的节点。允许多渠道竞争，使得小商品经营者处于一个相对公平、宽松的竞争环境之中，为其中一部分有条件的个体工商户向雇工经营、合伙经营的个体私营企业转变创造了契机。与此同时，县委还提出了对个体私营经济在政治上鼓励、资金上照顾、技术上指导、税收上优惠、法律上保护五项扶持政策，从而推动了大批民营企业家的诞生和个体私营经济的发展，为日后小商品市场和“义乌商圈”的建设培育了必不可少的企业主体和商人群体。

其次是总结经验，制定和实施“兴商建县”“兴商建市”发展战略。在今天看来，如果当初义乌县委书记谢高华等领导人没有“提着‘乌纱帽’办市场”的胆识，就不可能兴办第一代小商品市场，当然也不可能取得体制改革上的先发优势，今日国际商贸城的成功光环很可能就另有所属了。1984年10月，义乌县委、县政府受中共十二届三中全会《关于经济体制改革的决定》中发展社会主义商品经济的精神的巨大鼓舞，大胆突破传统计划经济体制的束缚，果断提出“兴商建县”发展战略。1998年撤县建市后，市委、市政府继续实施“兴商建市”总体发展战略，并丰富其内涵，把市场摆在经济社会发展的龙头地位，把商贸业作为义乌的主导产业，要求职能部门积极建设市场基础设施，加强和改进工商行政管理工作，协调解决市场用地和资金问题，为经营户提供了一代胜过一代的交易设施，促使义乌小商品市场的辐射能力由周边县市区逐步向省内其他市县、国内其他省、市、自治区乃至国外拓展，国内外相关经济主体和区域间的分工协作关系不断强化和发展。在上述过程中，政府这只“有形之手”与市场这只“无形之手”密切配合，促成了市场经济体制的快速形成，对“义乌商圈”的建设与发展起到了重要的导向作用。

再次是顺应发展规律，适时推进“引商转工”“以商促工”“工商联动”。如果考察一下近代世界各国商业的兴衰嬗变，就会发现，凡是不以工业发展为基础的商业繁荣，都不可能经久不衰。在近代中国，曾经积聚了庞大资产的“晋商”“徽商”，就是由于没有及时把商业资本转化为产业资本，最终在社会大变革中日益衰落。实践证明，没有强大的产业支撑，商业的繁荣就难以持久。20世纪80年代中后期，一股以工业为主导的风潮席卷中国，许多地方政府纷纷提出“工业强市（县）”“兴工强市（县）”战略。尽管发展工业对提高一个地区GDP数据和财政收入的作用比发展商业更为明显，但义乌市委、市政府并没有改变原来的战略构想，而是一如既往地坚持走“兴商建市”道路。实践证明这是正确的，因为义乌原有的工业基础十分薄弱，在商贸业尚未完成原始资本积累的时候，贸然转向大力发展工业，必将分散力量，最终可能导致两头落空。而到了90年代初，义乌小商品市场已较为兴旺，私营企业基本完成了资本原始积累，义乌市委、市政府于1994年果断提出了实施“引商转工”“以商促工”“工商联动”的发展思路，把工业作为实施“兴商建市”战略的又一重点来抓。在“兴商建市”战略引导下完成了资本原始积累的一批经商大户，迅速转向发展与市场关联度较大的轻工产品生产，并且很快超过了一些更早提出“工业强市（县）”战略的周边县市的生产水平，对义乌现代工业的发展起到了“摇篮”作用。“以商促工”“工商联动”在后来的小商品市场调整巩固期中，再次被证明是具有前瞻性的“有为”战略，90年代后期，中国整体经济进入通缩期，加上1997年亚洲金融危机的影响，义乌小商品市场的交易额大幅下滑，然而，已经有了较强轻工业基础的义乌既经受住了市场调整的考验，也促进了工业结构的升级。这在很大程度上归功于义乌市委、市政府发挥义乌商业资本雄厚、市场信息灵敏、经商人才众多等优势，积极扶持民营企业大力发展小商品制造业，培育了一批特色鲜明的小商品产业集群，形成与小商品市场紧密联动的工业体系，为小商品市场的持续繁荣提供了强大的产业支撑。而正是在这一时期，其他一些地方，一批与义乌同时代兴起甚至比义乌办得更早的民间专业市场，却由于缺乏工业结构升级的支撑而不得不偃旗息鼓。

最后是面向未来，大力加快国际化进程。进入21世纪初，中国经济进入了新一轮的增长周期，这一阶段，国民经济的重要特征是国际化与重工业化。此时，义乌市委、市政府对选择国际化而不是重工业化显得更加成熟、自信，步伐也迈得更快更稳。坚持有所为、有所不为，与时俱进地提出建设国际性商贸城市的战略目标；通过积极争取，成为全国首个设立海关办事处、全国首个也是唯一一个可管辖涉外民商事案件和办理外国人居留签证的县级市，从而为义乌小商品市场和“义乌商圈”的国际化铺平了道路。市委、市政府还采取改革简化政府审批制度；通过出口奖励、出口退税专项贷款贴息、支持境外参展、注册商品和设立分支机构等方式，鼓励企业开拓国际市场；设立了海关、检疫检验等机构，实行“异地报关、口岸放行”的一站式大通关，打通国际通道；加大银企合作力度，引导支持商城集团通过上市直接融资；探索建立中小企业信用担保体系等一系列创新的举措。2005年，义乌市委、市政府出台了《关于加快市场发展　促进市场持续繁荣的若干意见》，从强化市场主体引进和培育、市场设施建设、市场功能创新、知识产权保护、加强对市场发展的领导五个方面对义乌国际性商贸城市的建设做出了总体部署；提出要按照打造国际性小商品展示中心、流通中心和信息中心的要求，大力实施国际化战略，加快推进市场基础设施、流通业态、交易方式和经营管理现代化，努力把义乌小商品市场建设成为世界小商品新技术、新产品的展示平台，全国乃至世界中小企业品牌产品的销售中心，全球最大的日用消费品采购基地。随着国际商贸城的交易、展示、信息等功能的完善和发挥，以及“义博会”规模的日益扩大和国际化程度的提高。目前，一个以小商品市场为龙头，市场核心产业、支撑市场的制造业和配套服务产业为基础，打破地域限制的跨区域分工协作网络，即“义乌商圈”业已形成，并不断向国际化方向拓展。

30多年的发展历程中，义乌一方面始终坚持“兴商建市”的总体发展战略；另一方面结合各个历史时期的实际，不断深化、拓展这一总体发展战略的内涵和外延。正是这种实事求是、与时俱进的精神，保证了义乌历届领导班子和广大干部群众能够依据所处历史发展阶段，顺应客观发展规律，不断创新发展理念、管理手段、工作内容等，提出符合自身实际的具体战略、策略和目标，快速推进市场化、工业化、城市化、国际化和城乡一体化进程，走上了和谐发展的道路。

九、戚继光为什么喜欢义乌兵[①]

怎么才能“雄赳赳、气昂昂”？到剧组10天了，义乌小老板余三荣的问题一直没解决。

图4-5 这个算不算雄赳赳气昂昂？

昨天下午，没戏份的老余也到了拍摄现场，想瞅瞅别人是怎么弄的。

① 李欣阳. 戚继光为什么喜欢义乌兵.

图4-6 《戚家军》剧照

前两天，《戚家军》在横店影视城开拍。制片人朱文说，拍这部片子，可以跟大家解释当年名震天下的戚家军为什么都是义乌人。

（一）入戏——群众演员老余

一个月前，35岁的义乌汉子余三荣还是一个倒卖服装的小老板。而现在，他是一个演员。

在剧组里，像他这样的小老板还有好几个。

老余的角色叫小武，在戚继光到义乌募兵那一集，作为民间高手的小武，第一个毛遂自荐。

戏份不多，三四句台词，几个镜头。

即使是这么个小角色，也有要求，在拿到剧本的同时，老余也记住了导演希望他做到的，小武这个角色“要表现出雄纠纠、气昂昂的气概”。

昨天下午，拍摄现场，三间草房起火，“倭寇”做凶神恶煞状冲进村庄，鸡飞狗跳，“村民”开始哀号——450多年前浙江沿海地区居民深受倭寇之苦的一幕重现。

这下，余三荣的眼圈红了，“我爷爷，当年就是因为不肯给日本人带路，被杀了”。

他猛一抬头，“我找到感觉了。”

（二）解戏——制片人朱文

而对制片人朱文来说，《戚家军》的开拍，更像是给自己儿时的一个解答：

小的时候，常常听老人家说起戚继光和义乌兵的故事，那时候就在想，戚继光为什么这么喜欢用义乌兵？

所以在有了自己的影视公司后，他第一时间想解答这个问题。

据考证，1555年，戚继光从山东调任浙江抗倭，在他之前，广西壮族的狼兵和少林寺僧兵都先后败北，而他手上的兵，战斗力根本比不上这两支部队，怎么和倭寇打？戚继光很苦恼。

一个偶然的机会，他听说义乌赤岸这边，一个叫陈大全的人，带着自己的族人和几百村人，击败了几千个处州（现丽水）那边过来抢夺银矿的人。

“性杂于机诈勇锐之间”，这是戚继光对这些义乌矿工的评价，随即，正苦于无兵可用的戚继光就决定到义乌募兵。

第一批募集的4000人，在经过戚继光的训练后，1561年在台州取得九连捷，“戚家军”的威名随即响彻天下。

而此后，义乌也就成为戚继光的唯一募兵点，不论是海战倭寇、北疆戍边，还是救援朝鲜，戚继光带着的，都是他先后从义乌募集的26000多名义乌兵。

（三）幕后——由义乌兵一脉相传而来的，还有“鸡毛换糖”

朱文说，有意思的还不止这一点。

考证显示，义乌最早一批“鸡毛换糖”的人，就是这些退伍返乡的义乌兵，他们不习农务，只善游走，加上地少人稠，他们便肩挑货郎担，手摇拨浪鼓，走街串巷去“敲糖”以谋生计。

这时，在军营天天操练“鸳鸯阵法”所形成的严格的分工合作习惯很自然地发挥起作用——庞大的“敲糖帮”分工明确，组织严密，各队“行商”所走线路均按实力统一划分，而各级“坐商”则分别负责垫付百货，途中设栈补货，以及最后回收所换回的东西。

鼎盛时期，“敲糖帮”网络密布江南，活动范围南至广东、西至湖南、北到徐州。

十、谢高华：“世界超市”的缔造者

1982年之后，义乌迅速崛起，成为全球最大的小商品集散中心。

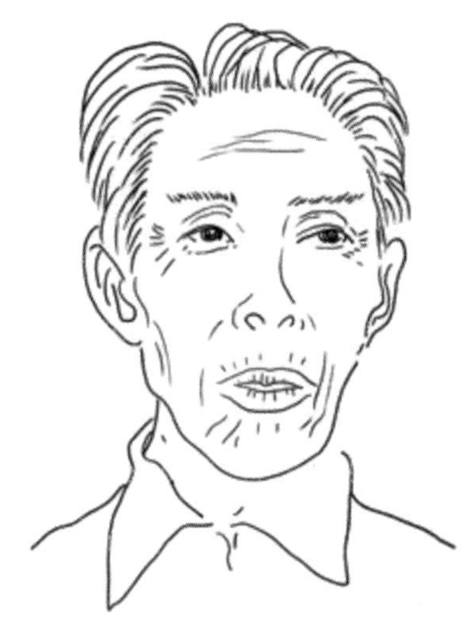

图4-7　谢高华：时任义乌县委书记，“义乌风云”里的主角之一

如果说义乌农民的勤劳是成就义乌神话的基础，那么，谢高华就是一手推动这个神话变成现实的人。正是因为他的“胆大包天”，才有后来叫响全球的义乌小商品市场。

1982年4月，谢高华奉命调任义乌县委书记，当时义乌的落后远近闻名。

到任不久，一个名叫冯爱倩的小摊贩就在县委门口把他拦了下来，用义乌方言连珠炮似的发问，给他来了个下马威。

冯爱倩是为“鸡毛换糖”一事来的，这种拿鸡毛与糖做交换的民间交易活动在义乌足有三百多年历史。由于当地资源匮乏，农闲时节，村民就挑起当地特产红糖，走乡串户换鸡毛。高档鸡毛可做工艺品，次品就用来肥地。有时候挑担里也会放些针头线脑，交换一些生活必需品。

但在计划经济体制下，“鸡毛换糖”被视为“资本主义尾巴”，屡次被当作“投机倒把”来打击。奇怪的是，小商小贩怎么也打不掉，赶不绝，还在廿三里乡、福田乡及县城等地自发形成了集市。只要“打投办”一来，摊贩们立刻一哄而散。

冯爱倩就是这样的小摊贩，她实在受不了被四处追赶，才决定找县委书记说理。谢高华决定亲自对此进行调查。

或许也正是源于她与“县太爷”的抗争，冯爱倩拿到了义乌小商品市场编号为001号的经营许可证，并且被誉为义乌小商市场的第一功臣。

很快，谢高华把这个问题抛到县委会议上，要求允许摊贩经营，并开放小商品市场。“我发现，这类民间交易活动满足了老百姓的生活需求，对村民、集体和国家都有利，不应当被禁止。”谢老抽了口烟，陷入沉思，仿佛回到了那个年代。

当时，开放商品交易市场还没有先例，要冒政治风险。见同志们陷入沉默，谢高华动情地说：“寒冬腊月，我们在家里安稳过年，而那些商贩却在冰天雪地里忙碌，有的连鞋子都没得穿。作为党的干部，我们忍心吗？市场要尽快开放，出了问题我负责，我宁肯不要这顶‘乌纱帽’！”

1982年9月20日，义乌县委决定：开放小商品市场，并由义乌县政府发出《通告》。《通告》发出后，义东、稠城（县城所在地）两个市场率先开放，整个义乌沸腾了。摊贩们欣喜万分，奔走相告，甚至燃放鞭炮以示庆贺。“拿到许可证后，商品交易市场迅速扩张。原先只聚集在县城的稠城街，很快就扩展到县委大门口，有时候堵得连

图4-8　2008年，谢高华和冯爱倩相聚于义乌纪念改革开放30周年的聚会上

县委车辆都无法进出。”谢老回忆说，政策爆发的力量甚至令决策者都始料未及。

第二年7月，义乌县政府投资58万元，在县城扩建一个摊棚式市场。场内全部是水泥地面，钢架玻璃瓦，这是当时中国最先进的专业市场。当年年底，义乌的市场摊户增加到1050个，日均交易人数为6000人，上市商品多达3000多种。

南船北马，熙熙攘攘，在这个偏僻县城竟然形成一个辐射全国的小商品集散中心。

商品交易的井喷式发展，给义乌人带来应接不暇的致富机会。在利润的吸引下，很多农民弃农经商，进入县城或走南闯北搞经营。

为了适应形势发展，谢高华很快又宣布“四个允许”：允许农民经商，允许从事长途贩运，允许开放城乡市场，允许多渠道竞争。这实际解除了套在农民身上的枷锁，为义乌的“兴商建县”提供了动力。

在“四个允许”中，其中“允许多渠道竞争”，直接触动了国有企业的利益。一些人开始向上级写信反映，“谢高华是在义乌搞资本主义”。但自己的一次亲身经历，让谢高华深切体会到国有企业“大锅饭”的弊端，更坚定了他引进竞争的决心。

“有一天，我批改文件的铅笔用完了，到门口的国营商店去买。”谢老回忆说，当时售货员正在店内看小说，头也不抬就说“卖完了”。“我一看，橱窗里就有一大把，随即质问她。售货员极不情愿，摸出一支扔在了柜台上。没过多久，这家大百货公司就在竞争中被小摊贩给冲垮了。”

多年后，财经作家吴晓波在他的著作中这样分析义乌。“在中国改革的前十多年，任何产业基础、政策扶持、人文素养乃至地理区位等客观条件，都无法与当地的改革创新意识相匹敌。往往，一个地区观念的解放与否，是它有没有可能发展起来的唯一条件。”

两年多后，谢高华离开了义乌，但“兴商建县”的理念已深入人心，这趟改革列车也稳稳地开往春天……

十一、冯爱倩：与县委书记吵架吵出义乌市场[①]

冯爱倩在义乌是个名人。不少老义乌人都认为，就是30年前她与时任县委书记的谢高华的那次争吵，吵出了义乌市场的雏形。

（一）义乌市场的第一张营业许可证

冯爱倩的故事要从40年前说起。1962年，因为历史原因，冯爱倩和三个嗷嗷待哺的孩子的户口都被“下放”到农村，当时最大的孩子不过5岁，最小的刚刚出生40多天。“两个工分4分钱，加上还有老母亲要赡养，负担就更重了”。为了养家，冯爱倩在供销社做小工，一天工资只有8毛钱，这一做就做了十多年。

1980年，做了近40年“城里人”梦的冯爱倩终于实现了愿望。当年8月5日，根据有关规定，她可以把户口从农村重新迁回城里了。迁户口需要用钱，冯爱倩卖了谷子，换来60元钱。当她拿到沉甸甸的钱时，心里想的却不是迁户口，觉得这笔钱应该用来创业，“如果再筹一部分钱，就有经商的本钱了”。于是，她又从亲朋好友处东挪西凑了300多元，辞掉临时工的工作，开始了艰辛的从商之路。

在当时，做点小生意那是资本主义的“尾巴”，要割的。冯爱倩萌生了弄个合法证件、光明正大做生意的想法。可要取得一个经商许可证在那时可谓困难重重，冯爱倩不停地奔走于义乌和省里的有关部门，打报告、提要求、开证明、托人情……跑破了鞋子，磨破了嘴

① 吕晶晶. 义乌商报，2012-10-19.

皮，历时近一年，有关部门终于同意了她的要求。1980年12月1日，冯爱倩从义乌市稠城镇工商所领取了义乌市的第一个营业许可证（现在的营业执照），编号001。

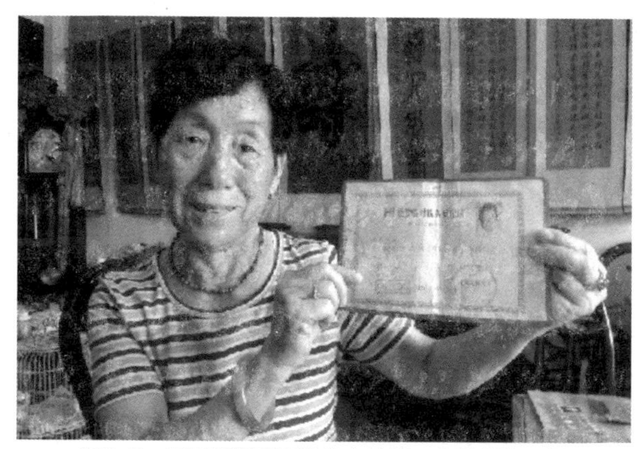

图4-9　冯爱倩领取了义乌市的第一个营业许可证

“有了这个证，说明我可以在农村开店了，当时‘鸡毛换糖’的营业许可证只有4个月的有效期，而我的这个证却是长期有效的。”拿着这个证，冯爱倩光明正大地走进百货公司进货了。第一天，冯爱倩少量地进了一些纽扣、皮筋、别针之类的小商品，挎着小篮拿到廿三里的集市上卖，一天下来竟然卖了个精光，刨除本钱净赚了6元多，抵上她当临时工一个星期的工资。第二天，如法炮制，竟然赚了22元，冯爱倩乐疯了，决心把生意坚定地做下去。

当时的义乌市只有两个比较像样的集市，一个在“鸡毛换糖”的发源地廿三里老街，农历每月逢一、四、七的日子是集市日；另一个在稠城镇的北门街一带。为了赶这两个集市，冯爱倩头天早晨在这个集市摆完摊儿后，下午就得立马乘车赶到外地进货，当天夜里必须赶回并配好货，这样才能赶上第二天的另一个集市。那几年，冯爱倩把省内各个百货大楼几乎都跑遍了。

（二）与县委书记吵架吵出的“一号《通告》”

即便有了证，在政策还没有放开的年代，冯爱倩仍然免不了被政府的执法部门追、赶、罚的结果。“最狠的时候，我被追得躲进过厕所，逃上过山，真的就像跟执法部门打游击一样。”冯爱倩回忆，随着“游击队员”的队伍越来越壮大，大家都觉得这种日子要过不下去了。再说了，做生意还是要有个场地才行。于是，义乌最早的一批个体摊主，自发地聚在一起商量对策，而能说会道的冯爱倩便是他们的代表。

打听了县委书记的模样长相后，冯爱倩带着刚刚被罚的怒气，在县委大院门口拦住了新上任的县委书记谢高华讨要说法：“你就是新来的谢高华书记吗？我们做点小买卖，养家糊口，政府为什么赶我们？”“在街上摆摊儿，政策不允许!”县委书记说。

眼看门口围观的人越来越多，谢高华将冯爱倩请进了办公室。“进了门，谢书记嗓门就大了，说你在县委的大门口吵吵嚷嚷成何体统？我一听也来火了。看他在桌子上敲一下，我就在桌上拍两下。我说，我们义乌人祖辈穷，穷就穷在人多地少田又薄。可为什么还能在此生活繁衍至今呢？就是义乌人会经商，都会‘鸡毛换糖’呀！要能把‘鸡毛换糖’的精神和经商积极性发挥出来，我就不信义乌人不如别人”。这一场农妇与县委书记的辩论持续了整个下午，最后，谢书记答应冯爱倩让他们先干干再说。回忆起当年和谢书记的第一次见面，冯爱倩说自己“做梦都想不到跟县委书记见面会有这么好的结局”。

没多久，县委以“整顿市场领导小组”的名义，发布了在义乌改革开放历史上有名的第一号《通告》，“允许农民进城经商”“允许城市市场开放”等“四个允许”出台了。《通告》一贴出，市民们里三层外三层地围观着，没几天，北门街头的小商小贩一下多了几倍，而且每日见涨，直到后来整个一条街上摆满了摊位，这就是我们义乌市场的雏形。

（三）在2000把滞销剪刀里发现商机

自从义乌出台一号《通告》，准许农民进城经商后，冯爱倩铆足了劲展开手脚大干起来，生意也越来越红火。“那时候，因为我有证，很多没有进货渠道的小商贩都到我这里来进货，生意真的很好做，只要进回来都卖光。后来，纽扣、皮筋这些小东西卖的人太多了，正好有人介绍我去温州进缝纫机针，那时候正是缝纫机最风靡的时候，每次一到货，针就被一整盒一整盒地抢光，几次之后，厂家生产的货我干脆就和另一个朋友全部都包了下来。”

冯爱倩觉得，刚刚开放的市场有太多的商机。“有一年，浦江县百货大楼的剪刀滞销，作为进货大户，他们委托我帮忙处理，

2000把剪刀到了我这里，没几天就被抢光。”就这一笔生意，让冯爱倩决定主打五金产品的销售。

也就在那一年，冯爱倩跑到温州去进货，工厂的剪刀有5个型号，冯爱倩一眼就看中了最小号的“旅游剪”。“可以折叠，携带方便，肯定有市场。”冯爱倩打定主意将“旅游剪”带回了义乌市场，果然，市场反映相当好，冯爱倩果断拿下产品的代理，一时间，“旅游剪”风靡市场，大街上不少人的钥匙扣里都扣着把“旅游剪”，简直就成了一种潮流。

毫不夸张地说，义乌市场的五金行业就是从这里起步的。

（四）创业初期的苦楚与辛酸

做生意不是只有赚钱的乐趣，一路的辛酸苦楚只有经历过的人才懂。“在‘割资本主义尾巴’的时代，我们做生意真的是流了不少血和泪。那时候为了躲执法人员，我们都是故意坐慢车回家，每次回家一定是半夜三更，我不怕黑，不怕鬼，却最怕毒蛇和野狗，半夜回家的几十里路上，我一只手扛着包裹，一只手拄着个树枝，遇到草丛赶蛇，遇到野狗打狗，一路唱着歌流着眼泪回家。”回忆当年经商路上的辛酸，冯爱倩仍然忍不住红了眼眶。

“还有一次去绍兴进货，四大箱比人还重的钥匙扣，拉到托运部人家不给托，我只好拉到火车站月台上自己想办法，火车站工作人员也说这是资本主义的‘尾巴’，死活不让上车，我一个人冒着大雨守着四箱货，又怕被偷，三天三夜不敢合眼……”

所幸，这所有的苦难在市场开放后都渐渐远去，随着义乌市场的一步步发展壮大，冯爱倩也将满腔热情投入到市场管理之中。从湖清门市场开始，冯爱倩就一边自己摆摊经商，一边积极协助义乌市工商局参与管理，成了义乌小商品市场发展初期不可或缺的人物。

2005年后，65岁的冯爱倩停掉了自己的生意，一头扎进市场管理工作中。她先后兼任义乌小商品市场个体劳动者协会副主任、中国小商品城治保委员会副主任和妇女委员会副主任。

2016年，已经76岁的冯爱倩终于退休了。冯爱倩的爱人杨兴桂是义乌市老年书画研究会秘书长。“退下来后，我被他们聘请为协会名誉会长。前阵子，协会经常举办送文化下乡活动，我每次都跟着去。”冯爱倩说，协会的这些活动能丰富农民的业余文化生活，在自己还能走得动的这些日子里，她还想为义乌的文化建设出些力。

十二、王选：一个女人和日军细菌战的较量[①]

她在日本或许比在中国有名。

1995年，王选参加由日本市民团体“日军细菌战历史事实揭露会”出资援助在中国进行的细菌战受害者调查。

1998年，她成为中国细菌战受害者对日诉讼原告团团长，代表180多名原告在法庭上陈述。

此后，她不断往来于日本和义乌调查、取证、开庭、败诉，再

① 卢丽涛．王选：一个女人和日军细菌战的较量．

图4-10　王选

上诉，再取证、再开庭，一直到2007年，经历40多次开庭后，她代表的义乌细菌战受害者对日索赔的诉讼才告一段落。

美国历史学家谢尔顿这样评价王选：“只要有两个王选这样的中国女人，就可以让日本沉没。”

1995年，王选43岁。如今她已年届六旬。青丝变成白发，眼角皱纹也多了一些，但她的目光依然矍铄，说话像机关枪，底气十足，走路做事都透出一股麻利。

“我一点儿也不觉得自己快60岁了，他们说从背后看我还像个20岁的小姑娘。”王选笑着说，笑声很爽朗。

15年和“细菌战”打交道的经历，让她早已成为细菌战研究的专家。现在，她仍在进行着细菌战史料的整理和研究。

（一）童年记忆与细菌战结缘

王选已经被很多媒体塑造成一个百折不挠与日本人打官司的民族英雄。

“很多人非常功利，希望我跟日本人打官司，永远打下去，真正去做一件事情的人很少。”王选说到诉讼有些气愤。

“诉讼，诉讼，一说就是诉讼，其实更多的是诉讼背后的工作，调查、取证、研究……”她说她代表本村人的细菌战诉讼早在2007年已经结束，之后，她一直在进行细菌战历史的研究，其他受害者的官司应该由他们的后代来打。

王选与细菌战有着太多不可不说的故事。

1995年，三个浙江义乌细菌战受害者代表全村要求日本政府赔偿，援助他们进行调查取证的是日本民间和平组织“日本细菌战历史事实揭露会”。

在日本工作的王选看到这则消息，激动了，是自己的家乡义乌，王选的童年记忆似乎近在咫尺。

她的叔叔就是死于日本人在义乌放的鼠疫病毒。当年，日本人放了鼠疫病毒，烧了大半个村子，王选的叔叔那时只有13岁，“他死的时候凄厉地嘶叫了一整夜，最后整个人都蜷缩成一团，变成了黑的”。

王选听父辈说，她的家族有8口人死于细菌战，义乌崇山村有396个村民死于鼠疫，而中国除新疆、西藏、青海三省（自治区）外，有20多个省市都受到过日本细菌战的攻击。

王选设法联系了日本该团体的成员，打电话要求参加他们的调查，“我是义乌人，我有这个责任。”

“到日本留学、在日本工作，只有我能把最难懂的义乌方言翻译成日语。”王选就这样和细菌战结下不解之缘。

（二）在官司中揭开日军细菌战黑幕

最初王选只是调查中的翻译，后来她接受了本村乡亲们的嘱托，“帮他们打官司”，成为原告团团长。她就像一根红线，将这些曾经是备受凌辱的受害者，现在是年老体弱、疾病缠身的中国底层百姓拧成一股绳。

在诉讼过程中，经过大量的田野调查，浙江、湖南的原告向法庭提交了苏、美、中、日四国的大量历史资料，其中数千页美国国家档案资料，包括战后日军细菌战战犯作为交换向美国提供的技术资料及证明美国掩盖日军细菌战的美国官方文件。

“重要的是已经打开了‘死亡工厂’的盖子，揭开了日本细菌战的黑幕……这也是一种胜利。”王选说，“其实，我们最后的结果是，日本法院判决对国家责任认定了，对事实也认定了。”

王选既是一位对日诉讼的斗士，更是一位细菌战研究者。从43岁开始，她一直致力于细菌战历史的调查、研究，甚至是纪念碑、纪念馆的建设，配合相关纪录片的拍摄工作。

（三）自己找赞助研究细菌战还要倒贴

让王选遗憾的是，关于细菌战的调查只是冰山一角，而且中日双方的亲历者都已渐渐死去，整理这段历史只留下不多的时间。同时，只靠民间力量调查复原基本不可能，需要国家用行政力量来推动。

“只有我一个人在弄，赞助也是我自己找来的，一个老板只支持我打官司，但对我们做的基础性的历史整理和保存，他不认同。”

王选曾几次向当地政府提出立项，对细菌战进行系统调查和研究，但始终未启动。“如果给我一个稳定的科研环境，建一支队伍，我可以把所有整理的资料都捐给他们。”王选说，如果拍卖这些资料将价值连城，只是很多人并未意识到它们的价值。

她显然一直在为研究经费苦恼。

她说，当初要不是为了诉讼经费，她也不会去找赞助“受气”，发39℃的高烧，“现在都不愿意再回想那段经历”。

人手和经费一样短缺，目前，王选负责了山东大学和宁波大学的两个细菌战相关的项目研究，已经接近尾声。虽然是带领学生进行的调查，“但现在的学生要打工挣钱，没时间做这些”。

于是，在她过去完成的很多工作中，很多都来自家人的帮助。“弟媳妇帮我作图，我妹妹、我弟弟都帮我做事，可他们完全都没有报酬”。王选自己也是义务劳动，靠着老公的公司生活。

偶尔演讲的酬劳、史料部门给她收集资料的酬劳，在不同刊物发表文章的稿费都被她用作调查费，或者分给不同的人，帮她做表格的小青年、抗日老兵、细菌战受害者……自己几乎剩不下什么，大多数时候需要倒贴。

“我家里还有一箱发票。”王选笑笑，“只是我自己比较会咋呼的，让人家看到劳动的价值和付出，但很多人都在默默地付出。”

（四）没要孩子，但对生活很满足

王选43岁，没有要孩子，一直到现在，她对此轻描淡写地说：“没有孩子，我觉得挺好的。有小孩了，诉讼和研究我哪里干得了。有的女人喜欢小孩，她们有耐心，就让她们去养。也许对我老公来说，不太好。”

43岁之前，王选经历了“文化大革命”，插队下乡。32岁时到日本留学，本想学国际政治，但学了测试计量学，毕业后在日本打工做老师，“辛辛苦苦也就是混口饭吃”。

她对自己的生活很满足，总有一种要做点儿贡献尽社会责任的想法。这想法来源于她对人生意义的理解，“我想人首先要健康地活着，因为我们享受了很多前人创造的劳动成果，所以，我们也要创造对社会有益的东西。当然，你的创造要跟兴趣相关。”

王选在上海的家里时，有时间会每天去游泳，或把家里收拾得井井有条，从不看电视，却翻阅很多报纸。

她说，接下来，如果没有人愿意给她提供资金和科研队伍，她也不会奢求，“我还有很多整理工作要做，要给参与细菌战诉讼的人立传，这是我的历史责任。写完了，人生就圆满了。”她每写一篇文章要查阅一堆书，花几天时间，足见她作为知识分子的严谨。

第五章

义乌市场的现代挑战

30多年来，义乌国际商贸城取得了长足的进步与发展，不仅为义乌市的经济社会发展做出了巨大的贡献，也为周边区域的经济社会发展，甚至为整个中国经济乃至全球经济发展都做出了重大的贡献。但是，站在全球经济发展竞争日趋激烈的今天，特别是站在中国经济的“新常态”发展背景下，义乌国际商贸城的进一步发展也遭遇了前所未有的挑战和困难。这些挑战和困难既有基于内部原因而形成的发展瓶颈，也有基于外部原因而形成的发展困境，都必须引起高度重视。

一、义乌市场外贸生意面临四大困难

（一）现状一：接单模式单一，老客模式能持续多久

义乌国际商贸城三区的文体用品区，往来的客商并不多，可以从过道这头直接望到那头。

生意淡，经营笔记本的老朱坐在摊位上，翻起了记事本，并拿起计算器算了算。“销售额跟去年上半年差不多，略有增加。”谈起1~6月的订单，老朱显得比较平静，看上去一切都在他掌控之中。

义乌市场上的文体用品主要集中在三区的一楼和二楼，这里有

上千家文体商铺。每年新学期开学前的三四个月是这个行业外贸批发旺季，国内稍延后。在美国、中东等地，秋季开学时间多为8—10月。所以，市场外贸采购大多集中在4—6月。

老朱说，店里的外贸行情已不能与金融危机前相媲美。其所经营的店铺，大约从2009年起，每年外贸额基本保持在千万元左右。究其原因，在于外贸订单的客户群发生了变化。以往，新老客户基本上一半对一半；如今，老客户订单已占据了八成以上的订单量。

四区经营靠枕等日用品的沈女士也感受到顾客群的变化。“开发新客户很难，能把老客户留住就不错了。”她透露，上半年的生意，基本上靠老客户维持。采购量上10万元的新客户，一只手都数得过来。

业内人士称，这一现象在如今的国际商贸城已颇具普遍性。即便一些从“老客模式”中尝到甜头的商户，也在担忧单一模式的可持续性。在二区经营各类户外灯具的王女士，有一个自己的老客户群，其中不乏合作时间已超10年的人。她说，在外贸环境出现变动时，老客户就是定心丸。只要与老客户建立了稳定的合作关系，他们就会在你危难时，伸出援手。上半年，其店铺订单增加了两成左右，主要是一些欧美老客户加大了采购量。但她也不知道，“老客模式”到底可持续多久，因为不少合作甚久的顾客，年龄已五六十岁，他们即将面临“退休”。

（二）现状二：人民币升值快，利润率越来越低

订单维持稳定甚至略有上涨，在如今的外贸环境下已属不易，但不少商户仍显焦虑。因为同样销量，却赚不到跟以往同样多的钱——利润率降低了。

分析人士称，一方面，市场涌入的新客户少，商户为尽可能地揽到订单，“价格战”打得太多了。报价降低，利润自然就少了；另一方面，外部的原因也在削减义乌小商品的利润率，比如人民币的快速升值。

许小青是一家生产型外贸公司的主管，现在的她，每天打开电脑查看汇率时，就只能隔空叹气。昨天，她收到一笔客户打来的3万美金货款。“现在利润本来就不高，”许小青说，3万美金可兑换成的人民币，与年初相比少了3000多元。

来自中国外汇交易中心的最新数据显示，7月24日人民币兑美元汇率中间价报6.1695，较前一交易日继续上涨7个基点。前一交易日，人民币兑美元汇率中间价报6.1702。业内人士称，受美国经济数据不佳影响，隔夜国际汇市，美元兑主要货币汇率继续下跌，人民币兑美元汇率中间价也连续三个交易日上涨。

7月22日，恰逢人民币汇改8周年。汇改8周年来，人民币累计上升了34%。其中，2016年以来，人民币兑美元汇率中间价升值幅度达到了1.8%多。

与外贸公司相比，市场商户受人民币升值影响更大。在市场

上，外贸订单采购一般分两种，一是外商直接下单，二是外商委托外贸公司下单。所以，受苦于人民币升值的外贸公司，也经常借此向商户压价。

“以前产品利润有10%~15%，现在差不多只有5%~7%，少了一半。”胜祥圣诞商行店主李胜说，同样的产品，2015年与2016年价格变化不大，但利润却相差甚远，差价全被汇率吞掉了。

人民币的不断升值，让以外贸为主的小商品经济倍感压力。一些商户也尝试过与客户制定价格浮动机制，但效果并不明显。“每天看汇率变动，都心疼。”许小青说，今年公司的订单量有所下滑，原因是有些订单不敢贸然接手。

（三）现状三：贸易壁垒多，拦路虎一个接一个

除了汇率外，义乌外贸出口还有一大“外患”，那就是层出不穷的贸易壁垒。在商户眼里，这就是一只“拦路虎”。

老陈一直在国际商贸城二区经营太阳能光伏产品，但由于欧美对华光伏产品频频设限，他不得不放弃一些老客户，转而向非洲、东南亚等地寻找新市场。“欧美市场订单利润确实比较高，但门槛也高。吃不消，只能退出。”谈起经营多年的“战区”，老陈虽有不甘，但在贸易“门槛”前，他也束手无策。

据悉，2015年年底，美国商务部宣布了对中国光伏电池及组件的“双反”终裁结果：今后出口到美国市场的光伏产品关税最高将达254.66%，最低23.75%；6月初，欧盟发布消息称，将在未来两个月内对华光伏产

品征收11.8%反倾销税，此后，税率还有可能升至47.6%。

海关统计显示，上半年金华市以一般贸易方式出口太阳能电池3222万美元，下降25.2%，其中对欧盟出口615万美元，下降78.1%。

义乌小商品行业众多，涉及的贸易壁垒自然也多。前两天，《欧盟玩具安全新指令》第二部分关于化学安全中的要求开始生效。这意味着，在经历4年的过渡期后，被称为欧盟史上最严厉的玩具安全技术法规将全面执行。新指令规定，重金属检测从8种增加到19种，并新增了66种致敏性芳香物质禁止或限制检出。业界认为，对出口至欧盟玩具产品的检测范围和检测标准的扩大，对国内玩具行业是一次“大考”，不少义乌玩具出口企业亦表示压力“山大”。

“拦路虎”并不只有一两只。商务部统计显示，2016年上半年，共有15个国家和地区对华发起39起贸易救济调查，涉案金额20.9亿美元。“现在国外客商对产品的要求越来越严，生意难做。”老陈抱怨，种种贸易壁垒让他损失了不少订单。

（四）现状四：高端人才难招，有想法但没人干

眼下正是圣诞产品的出口旺季，记者近日走访国际商贸城一区、义乌福田二区等圣诞用品集聚区发现，几乎所有的商户，均在摊位里摆上了今年的新款，以供客户挑选。

不过，一名前来采购的外贸公司业务员说，市场上的圣诞新品大多是换汤不换药，要么颜色变一下，要么只是尺寸调整，没有实质性升级。

对此，有商户表露了无奈。“现在好的设计师难找，普通新品砸钱投产又不一定有市场。”商户黄先生说，圣诞用品的市场分得越来越细，之前他曾考虑推出一些专门针对海外华人客商的圣诞用品，并希望设计出包含中国元素的圣诞产品，但苦于找不到合适的设计师而作罢。

在招工问题上，也有一些商户反映熟练工越来越少。“熟练工可保证产品的生产速度和质量。”黄先生说，在一些关键技术上，熟练工的作用至关重要。

业内专家称，当前义乌民营企业的创新投入仍不足，这成为制约企业未来生存和发展最为关键的因素，有研发投入的企业所占比重较低，仅有十分之一左右的民营企业有研发投入，而且研发投入参差不齐。很多中小企业主和商户表示，大家其实都想做出改变，只是苦于不知道如何下手，人才缺失是其中一个重要原因。

二、环境和资源总体容量的约束

近年来，义乌在经济持续高速增长、城市化步伐快速迈进的同时，也面临着支撑经济持续发展的要素资源日趋紧张的问题，尤其是土地和水资源短缺，已严重制约了城市的扩张和经济的可持续发展。以丘陵为主的义乌市，东、南、北三面环山，中部的河谷平原已开发得所剩无几。2003年8月启动的《城乡一体化行动纲要》，已对用地规模提出了更大的要求；而2007年人均GDP达到7778美元，进入现代化加快发展的新阶段，则标志着对用地的需求还将进一步提高。但实际情况是，每年33.3万平方米左右的用地指标与2664万平方米左右的用地需求相比，无疑是杯水车薪。

除了日益严峻的土地资源紧缺问题，义乌还是一个缺水易旱地区，水资源非常贫乏。统计数据显示，义乌人均水资源量按户籍人口计算为1100立方米，考虑到110多万人的流动人口因素（按三个流动人口折合成一个常住人口水资源量折算），人均拥有水资源量不足800立方米，仅为全国人均水资源拥有量2200立方米的三分之一左右，世界人均水资源拥有量的十分之一。据初步估算，到2020年，将缺水8000万吨以上。水资源的短缺限制了义乌城市人口的积聚和规模扩张，降低了居民生活质量，影响了企业生产的发展，严重威胁着全市经济社会的长远可持续发展。

此外，在经济社会快速发展的同时，义乌也面临严峻的生态环境保护任务。目前，主要的问题包括：

1. 工业废水污染分布面广，实施监管较难。全市2.5万多家工业生产单位，分布散，监管难，少数个体超标偷排现象仍有发生，已成为群众投诉的重点。目前在各类环境投诉中，对居民区、农村排污企业的投诉占投诉总量的80%。

2. 农村面源污染情况复杂，全面治理较难。主要是养殖业污染和农业种植污染，包括少数养殖户不正常使用污水处理设施，许多池塘、水库被投料、粪便、养殖废弃物等污染及农业种植过程中化肥、农药等的使用不合理。目前，农业面源污染已占污染物排放量的20%以上。

3. 大气污染源日趋增加，总量控制较难。主要是机动车尾气污染和建筑工地扬尘污染，2007年年底，全市机动车保有量25万辆，尾气排放量约20万吨，已成为影响城市空气质量的主因，占到大气污染比例40%左右；随着义乌城市化建设步伐加快，各类建筑工地密布全市范围，扬尘污染已成为影响空气质量的重要因素，占到大气污染比例20%左右。

三、义乌：征掉全部土地[①]

佛堂镇距离义乌中心20公里。从义乌到佛堂，公路两边都是一排排商品房、一栋栋临街商铺、一片片整齐的厂房。它们的共同特点就是空荡荡的，没有人气。这些建筑物之间杂草丛生，乍一看还以为是生长庄稼的农田，其实，这些荒地是数年前被征用为某工业园区建设的用地，主要用来搞工业开发。

佛堂镇吴溪村的叶银生经常蹲在村口遥望这些荒地。

4年前的夏天，数辆推土机开进了吴溪村的地里，转眼间，近500亩即将收割的稻谷被掀了个底朝天。叶银生种了5年的1亩半桃树

① 赵奕．义乌：征掉全部土地．

及9分地的梨树也遭厄运。

叶银生没有拿到土地安置补偿费，为此，他还把村委会告上了法庭，不过没有结果。他原本以为，土地被征用总得干点儿什么，没想到却是长着荒草。

叶银生的遭遇在义乌的不少乡镇都有发生。1998年以来，随着义乌小商品市场的名气越来越大，各乡镇都开始筹备工业园区，征地运动在县级市义乌全面铺开。据统计，2001年之后，各镇有半数以上的土地被征用。

义乌辖地1102平方公里，其中平地面积为500多平方公里。目前，市区面积已达45平方公里，并且仍在以每年5平方公里的速度扩张。

该市某官员介绍说，由于各乡镇担心征地阻力较大，规划用地往往提前几年征好，征用面积也超出规划面积好几倍。据他估算，已征用的农地在300平方公里以上，全市所剩耕地估计只有几十平方公里。看来叶银生不必太沮丧，因为跟他同样命运的人还很多。

快速城市化

在《金华市城市化发展纲要》中，对义乌的城市定位是：到2010年，市区人口达到50万人以上，建成区面积达到50平方公里，逐步发展成为以商贸为主、工贸结合的现代化商贸名城。

金华市显然对隶属于自己的这个县级市“低估”了，因为在今年，义乌就可以提前6年完成“城市化”任务，用完50平方公里的规划额度。不久前，浙江省政府批准了义乌95平方公里的城市规划。很快，义乌的城市规模就将超过地级市金华。

地越征越多，城市规模在不断扩大。义乌市国土资源局总工程师陈正强坦陈，保障建设用地需要、加快供地速度，是他们面临的一项新课题。

义乌市征用土地的历史始于1992年前后。当时义乌启动经济开发区，666平方米土地只需几千元钱，政府动员买地，大批经商户也完成原始积累开始回乡搞实业，诸如“浪莎袜业”等知名企业就是在那时开始成长壮大。截至目前，除了规模最大的义乌经济开发区规划44平方公里外，其他各园区均在10平方公里左右。

有关人士将义乌的土地利用分为几类：一是山区栽种庄稼的农田，仍在农民手中，未来是否被征用，谁也不好说；二是已经被征用而尚未平整的土地，估计是用地手续没有批下来；三是正在平整的土地，应该是拿到了审批手续，因为平整即被视为开发；四是有围墙圈起来的土地，购地者是自己开发还是再行转让，还有待观察；五是围墙内已有一些建筑物，但一般仍有开阔的空地闲置未用。

圈地热，不仅让农民烦恼，就连企业家也像热锅上的蚂蚁。不同的是，他们一方是担心被圈，另一方是担心圈不到。

据义乌市工业园区开发办2003年7月的统计，已经在义乌报名买地的企业有3800多家，共需净工业用地50多平方千米，加上道路、绿地、花园等配套设施，土地需求还要多2~3倍，达200平方公里，义乌可用土地将占去一半。

这批企业还是符合报名条件的，需要几百平方米地的小企业数量更多，也更没办法满足。义乌市经济发展局一名官员说，义乌全部土地被征掉也不够用的！

2003年8月，义乌市委、市政府正式启动“义乌市城乡一体化行动”，计划用20年时间做到“城市基础设施向农村覆盖、城市公共服务向农村延伸、城市文明向农村辐射”。可以预见的是，义乌更大的用地规模还在后面。

迅速城市化，凸显了义乌土地资源匮乏的矛盾。义乌市常务副市长宋英豪说：“在1995年后，义乌的民间资本大量投资工业，土地紧缺的问题就更加突出。因为发展工业需要大量的土地。”他认为上级虽然在政策上对义乌有了很多的倾斜，但是土地问题依然是制约义乌下一步发展的重要因素。

其实，同样的状况也出现在浙江其他城市。温州、台州等经济发达地区，都已经出现了土地不够用的情况。

四、义乌市的水资源[①]

（一）水资源供给

义乌为了经济发展，从20世纪90年代就意识到义乌水资源的不

① 徐江良. 义乌市的水资源. 企业改革与管理，2015（1）：41-42.

足，在当时财政不足的情况下，为解决城市供水，采用五自（自行筹资、自行建设、自行收费、自行还贷、自行管理）水库的办法建造了八都水库，成为全国第一座五自水库，1998年建成通水。紧接着在2000年又与东阳达成跨地区引水协议，以2亿元的价格买断每年5000万立方米的永久水权，又成为全国第一例跨地区水权交易，相当于在境外造了一个5000万立方米的水库。

至目前为止，义乌市已合理开发、利用水资源有：

1. 境内

全市已建水库102座，总库容2.32亿立方米，正常库容1.95亿立方米。其中中型水库6座，正常库容1.32亿立方米；小型水库100座，正常库容6323万立方米。

图5-1 义乌市八都水库

2. 境外

横锦水库引水工程5000万立方米。

（二）水资源需求

根据《义乌市城市空间发展战略规划》和《义乌市水资源综合规划》，2020年，义乌市域常住人口160万人；2030年，义乌市域常住人口240万人，GDP3000亿元。义乌市需水量在2020年和2030年将分别达到53794万立方米和78000万立方米。

（三）水资源平衡

义乌市是一个典型的资源型、水质型缺水城市，全市水资源总量8.2亿立方米，除江河外，其他可开发利用的水资源都已基本开发。按照第六次全国人口普查，义乌市常住人口123.4万人计算，人均水资源占有量仅为665立方米，仅为浙江省人均水平的1/3。随着全市经济社会的快速发展，外来人口的剧增，用水量将继续呈快速增长态势，人均水资源占有量将进一步下降。

表5-1　义乌市水资源供需平衡情况　　（单位：万立方米）

年份	需水量	可供水量	优质需水量	优质可供水量	总缺水	缺优质水
2015年	44210	31174	20005	14492	13036	5513
2020年	53794	31366	26460	15014	22428	11446
2030年	78000	34366			43634	

五、今天的义乌失去了什么

网友“liangxi184”在网络上发了一个引起义乌人极大震动的帖子：

最近义乌的很多街道上都挂着这样的一个横幅：“鸡毛换糖”再出发。说明义乌的管理层知道义乌失去了什么。在我看来，义乌不但失去了“鸡毛换糖”的精神，也失去了一个在全国领先城市所具备的活力：

我个人认为，义乌之所以没有了活力：

第一，因为大多的本地义乌人做上包租公包租婆以后，失去了进取的精神；

第二，义乌的二代彻底地被金钱、豪车征服了，失去了奋斗的精神；

第三，义乌的官员满足于所谓的成绩或GDP排名，失去了创新的精神。

走进每一个义乌小区，小区里的棋牌室、麻将室总是有众多的本地人在里面鏖战，而且不分白天黑夜。这其中有五六十岁的退休一族，更多的是四十岁左右，不上班也不做生意的一族。不上班不做生意也不用担心，因为有房子，有源源不断的房租、摊租。很多人四十岁左右，就满足现状，失去动力，或者把更多的精力放在如何提高租金上面，造成义乌炒摊、炒店成风。还有专业街这种已经证明行不通的方式，义乌的房东们和村干部们还乐此不疲地上马。就是因为有太多的房租、摊租，

图5-2 义乌的包租婆

让义乌的一代人失去了进取的精神。

走在义乌的街道上，总会不时地看到各种国际豪华跑车满街跑。拥有这些豪华跑车的人，大多数是义乌80后90后中幸运的一族，统称为：义乌富二代。这些义乌的富二代，平时不再关心自己家族的企业如何壮大，如何更有竞争力了，而是更多地拼自己的豪车，拼自己的面子。这些年来，义乌不再出现名企，不再出现能够在同行业中做大做强的企业了，因为，他们已经失去了父辈们那种奋斗的精神。

2008年世界金融危机后，义乌市场经济已经从顶峰开始走下坡路了，可是义乌还在不断地扩建市场。从2008年到现在，义乌又增加了许多个市场，仍然走十几年前的老路，还是同一个商品，千摊万店在同时竞争客源。不知道极力在推动扩建义乌市场的人，平时有没有到市场上看看，很多新建好的市场，什么都不缺，唯独缺了客源。如今，金融危机5年多过去了，义乌还在走老路，说明义乌有很多带头人已经失去创新的精神。

一个领先于全国的城市，不能单单是财物上的领先，这种领先长久不了。义乌需要活力，需要新的活力，才能推动这座城市往更高的方向发展。

六、人才高地建设面临诸多困难

人才，尤其是高层次人才是现代经济社会发展的关键推动力。

2008年9月发布的《关于大力实施人才强市战略　构筑义乌人才高地的若干意见（试行）》提出把义乌建设成区域性人才高地的设想，但该设想还面临诸多困难，主要是：

1. 现有人才的学历结构、专业技术结构、专业技能结构亟待完善。首先是高层次学历人才比重偏低，如硕士研究生及以上人才占人才总量的比重仅为0.97%，而上海达4.88%，是义乌的5.03倍。其次是中高级人才比重偏低，高级专业技术人才仅占2.88%，而上海2004年就已达7.02%，为义乌的2.43倍；中级专业技术人才占33.32%，比上海（60.86%）低27.54%。再次是人才的专业技能结构有待完善，技能型人才中高级技师仅占3.06%，比重明显偏低。

2. 人才环境有待进一步完善。近年来，长三角中苏州、无锡、上海、杭州、宁波等一些大中城市，以优越的区位条件，优良的工作条件、生活水平、休闲环境招揽人才，而义乌市不仅在区位上不具有优势，而且在环境建设上也相对滞后，致使在与一些城市的人才争夺中缺乏先天优势和客观实力。义乌市委组织部的一项问卷调查显示：来义乌工作的人才，尤其是外地人才认为义乌的工作环境不甚理想，人才在这样的工作环境中压力较大，难以发挥或不愿发挥创造性思维。人才对义乌的文化休闲娱乐环境、居住环境等非工作环境也不乐观，对其评价为很好和较好的仅占28%。

3. 人才政策有待更加完善。在人才政策宣传方面，义乌市委组织部的问卷调查显示，仅有4.92%的人才对人才政策很了解，这也是造成人才流失或人才吸引力较低的原因之一。在人才政策执行力方面，比较满意的只有4.07%，基本满意的也仅占47.57%。在人才政策内容方面，目前来义乌的人才不是因为这里能提供较好的住房条件、良好的工作环境和优厚待遇，而是因其他诸如小商品市场、就业机会较多等非政策性因素。

4. 高级人才之间缺少交流机会。问卷调查和实地访谈结果显示，一些人才认为目前义乌市高层次人才之间缺乏交流，希望政府或相关部门能多组织各种人才交流活动，为他们提供交流平台，有5.59%的人才认为需要交流或交流困难，列急需解决问题的第6位。

5. 非公有制经济领域人才发展不足。义乌非公有制经济领域人才发展不足，主要体现在以下方面：一是与现代企业制度相适应的有竞争力的企业经营管理人才非常短缺，尤其是CEO紧缺；二是与产业升级要求相适应的技术创新型的专业人才集聚不足；三是与外向型经济发展相适应的国际化现代服务业人才匮乏；四是与先进制造业发展相适应的高技能人才短缺。

最后是企业创新能力不足。主要表现在以下几个方面：

一是许多企业不愿意在科技创新上进行投入，创新乏力。一方面，这与义乌企业规模普遍较小、研发实力较弱有关；另一方面，与目前市场的竞争状态相关。由于研发实力、创新能力的限制，许多中小企业只能采取仿制模式，依靠低价竞争以获取市场份额。目前，义乌市企业研发经费占销售收入的比例平均不到0.4%，全市技术开发费用支出总额在浙江省14个经济强县中仅列11位，全市仅有101家企业成立了研发机构。虽然不少大中型企业注重引进先进设备，但对消化吸收相应的先进技术和管理经验重视不够、投入不足，从而陷入了一流设备、二流技术、三流管理和“引进—落后—再引进—再落后—再引进”的尴尬境地。

二是企业制度创新不够。义乌民营企业大多数实行“家族式”的管理模式，许多企业财务制度不规范、不透明，信息披露不真实，缺乏完善、具体、行之有效的管理体系，管理模式难以适应激烈的市场竞争。

三是企业竞争策略缺乏创新。投资额占销售收入的比率偏低，技术改造资金投入不足。企业投资额占销售收入的比率一般不到3%。价格层面上的竞争是义乌大多数企业的现实问题。

四是人才严重缺乏。受一些客观因素的制约，义乌企业要获得相同层次的人才要比上海、深圳、杭州、宁波等地企业付出更高的成本，导致义乌企业高级管理人才和高端技术人才严重缺乏。加之许多企业缺乏以人为本的管理理念，企业人才流动比较频繁，造成企业在人才使用上捉襟见肘。

五是全市劳动密集型的传统产业所占比重较大，高新技术企业产值占工业总产值的比重不到12%。一些制约行业发展的关键、共性技术难题亟待破解，技术、智力密集型的广告、出版、软件、工业设计、信息网络、生物技术、纳米技术、环境技术等创新创意产业发展滞后，缺乏对高层次创新创意人才的需求和吸引力，产业竞争力的提升和可持续发展也面临较大压力。因此，亟须加快运用先进适用技术和高新技术改造提升传统产业，提高小商品制造业、商贸服务业等的信息化水平。

七、同类市场的激烈竞争

随着区域发展竞争的日益加剧，越来越多的地方政府将目光投向了商贸服务业这一“无烟产业”，于是，发展较为成功的义乌市场模式一时间成为全国各地兴建市场的模本。各地市场同质化竞争的结果是：硬件建设上大同小异，管理模式上照搬照抄，优惠政策上互相攀比，由此同其他竞争性行业相似，专业市场之间的同质化竞争形势也日趋激烈。具体而言，绍兴中国轻纺城、沈阳五爱、武汉汉正街、山东临沂、成都荷花池、河北白沟等市场，正依托其多年积累的有利条件，对原有市场进行改造提升，不断扩大规模，俨然义乌市场的复制品。

专业市场的竞争优势主要在于大规模集中交易所产生的规模经济效益和范围经济效益对交易成本的大幅节约。为了尽可能大地获取规模经济效益和范围经济效益，增强市场综合竞争力，我国许多地方的市场都努力在规模扩张上下功夫，新建、改建的市场面积动辄数百万平方米，在某种角度上来看甚至比义乌更加具有“市场”优势。

如地处杭州主城区与下沙副城、临平副城交会处的杭州（九乔）国际商贸城，规划总占地面积7.34平方公里，市场群总建筑面积800万平方米，致力于打造国际一流电子商务平台、名品集散中心和服装创意基地，集商品与商务复合、“网上”与“网下”联动、内贸与外贸一体、商户与总部集聚的综合性国际商贸城；

位于昆明市老城区与呈贡新区交界处的昆明螺蛳湾国际商贸城，规划总占地面积约380万平方米，总建筑面积达882万平方米，其中主体市场部分建筑面积约300万平方米，致力于打造面向西部地区和东南亚、南亚、中东，集中国乃至世界名品、精品的特大型国际商贸展示中心、交易中心、流通中心；

位于武汉市黄陂区的汉口北国际商品交易中心，规划总建筑面积达800万平方米，设服装城、鞋业皮具城、小商品城、轻纺城、酒店用品城、日用品城、针棉制品城、布艺家纺城、五金城、礼品饰品城等十大专业批发市场，致力于打造“中国最好、中部最大”的国家一级专业批发市场；

位于广州市番禺区化龙镇的广州国际商品展贸城，规划总占地面积约320万平方米（另有133.2万平米后备发展用地），总建筑面积达576万平方米，致力于打造全球规模最大、商品种类最多、功能最完善、最具影响力的国际展贸平台，全球展贸批发市场航母；

位于成都市金牛区的成都国际商贸城，规划总占地面积139.2万平方米，总建筑面积500万平方米，市场群面积360万平方米，致力于打造集日用品研发、生产、加工、展示、洽谈、交易与电子商务为一体，中西部最大、辐射力最强的综合性现代化商贸平台。

许多专业市场在物理空间显著扩大的同时，产品种类日益丰富，销售网络不断延伸，集聚辐射能力快速提升，产业上下游关系链和新业务、新功能大幅扩展，从多个层面实现了规模化发展。

正是在这种形势下，义乌国际商贸城不断地在全国各地甚至在全世界遭到复制，甚至没有人或者部门能够准确地说出现在有多少个以“义乌”命名的小商品市场。这些市场在扩展义乌国际商贸城的市场影响力的同时，也反过来构成了对义乌市场的巨大冲击。

八、各地小商品市场竞相模仿义乌模式

全国、全球有多少个以“义乌”命名的商贸市场?

近日，在一次业内讨论会上，这个问题难倒了在义乌经商、办厂的大老板。其实，就是被称为市场娘家的工商部门也说不清楚。

因为这些市场中，很多和义乌人是根本搭不上边的。义乌的名气大了，很多人都想“复制”，于是，只要涉及小商品贸易的，都喜欢挂个“义乌”的名头。

还记得南非世界杯上风行一时的“呜呜祖拉”吗?义乌人最早在南非办过“中华门”市场，现在，当地人新的需求又在呼唤新的义乌市场诞生，只要是义乌市场上有的商品，都可以销到南非去。目

前，义乌市场的外向度在三年前就超过6成，无可争议地将更多的目光聚集在更为庞大的境外市场。

图5-3 南非中华门商业基地网页

身为浙商全国市场联合会副会长的义乌人楼兵现在在山东的滨州办了个“滨州义乌国际商贸城”。其中，专业市场面积就达到10万平方米，销的东西基本上来自义乌和浙江其他地方，经营、管理人员很多也都是义乌过去的。

楼兵认为自己既是开发商，也是经营商，更是义乌市场经验的传播者，要利用省外市场的巨大空间，把义乌小商品和浙江其他商品源源不断地销出去。

施仲谋被称为义乌人在外办市场的传奇人物。他说：“义乌市场是大圆圈，我在外地造的市场是小圆圈。看起来它们是分开的。但其实它们是统一的，因为我所办的市场，大部分小商品就来自义乌。”

从1993年施仲谋在新疆投资兴建了一个具有义乌市场管理方式

和经营思路的商贸城后，至今已在新疆其他城市以及山东、河南、广东等地创办义乌商贸城30多个，最远的市场办到了中哈边境的霍尔果斯，现在，他又把新的圈圈画在了中国第四个直辖市——重庆。

如果在全国乃至全球各地建设义乌的分销市场，这些数字将会是“非常非常吓人”。

图5-4　2010年1月13日，“市场大王”施仲谋在重庆义乌商贸城项目启动仪式上致辞

有消息称，现在义乌城乡居民存在银行里的钱有836亿元之多，如果分摊到每个义乌人身上，每个人就有13万多元，这个数字已经是全省第一。这和义乌人善于在各地做生意很有关系，当然，这也离不开全国各地戴着“义乌小商品市场”帽子的各类市场。

事实上，随着各市场硬件设施的升级和成熟的商业运作，义乌小商品市场的先发优势并不明显。商城集团总经理助理贾军花认为，面对挑战，要做好“引进来”和“走出去”两篇文章。“引进来”，就是增强义乌市场集聚功能，以国际贸易综合改革试点为契机，提升义乌对外贸易层次和水平；建设生产资料市场群，推进小商品产业链向上游拓展；培育发展进口转口市场，构筑新格局。

第二篇文章是“走出去”，巩固义乌市场的中心地位。在国内，发挥义乌市场的品牌、管理优势，积极拓展连锁配送网点；在国外，通过设立办事处、创立目录店，把外贸服务平台延伸出去，积极推进中国义乌（坦桑尼亚）经贸合作区项目。

九、摊位费腰斩　义乌小商品市场面临转型考验①

圣诞、元旦双至，作为全球最大的小商品集散中心，也是重要的圣诞礼品出口地的义乌，却正在遭遇电商冲击所带来的转型考验。

2016年以来，义乌小商品市场有不少人失业离开，摊位费直降对折，从60万元到30万元，有的甚至降到20多万元，四区、五区则更显寥落。

不仅如此，义乌小商品市场正成为时下中国小商品市场和实体店铺的一个缩影。中国电子商务研究中心不久前一篇题为《国家发改委罕见表态：电商冲击零售业，关店潮已引起最高决策层重视》的文章引发了广泛关注。文章提道：“图书、服装、家电等产品的实体店受到冲击最大，部分百货店经营困难，甚至出现了关闭潮。部分传统的百货商场也受到较大冲击，经营景气度持续下降，这给相关群体就

① 摊位费腰斩　义乌小商品市场面临转型考验. 东方财富网，2015-12-26.

业带来较大影响。”

小商品市场的衰落从一方面反映了电商对实体经济的冲击，另一方面也暗示了小商品市场寻求转型之路的迫切性，建构批发市场与“互联网+”的深度融合已经成为小商品市场重获生命力的重要选择。

小商品市场受电商冲击严重

摊位费之所以遭遇如此“重创”，最为重要的原因是电商的发展严重地冲击了实体市场，特别是专业市场的发展。

义乌国际商贸城是一个有着18个鸟巢大小的全世界最大的连体建筑，曾经囊括了7万多家商户，是全球最大的小商品集散中心，是全球最大日用消费品流通中心、展示中心和中国最为重要的商品出口基地。市场汇集了20余万家日用消费品生产企业的180万种商品。商品出口到219个国家和地区，有100多个国家和地区的1.5万名境外客商常驻义乌采购商品。然而，这种景象正在伴随电商的兴起逐渐走向衰落，摊位费对折，人员流失，一些区域空掉成为当地市场发展面临的重大挑战。

小商品市场的萎缩几乎是全链条的。一方面，它影响的是上游的生产端；另一方面，它也让原有的各地的小商品经销体系受到极大的冲击和瓦解。义乌小商品市场的货源，三分之一来自义乌本地，三分之一来自浙江本省其他县市，三分之一来自省外各地。小商品市场受电商冲击之后，这些提供货源的生产厂家也受到了很大的影响。

以义乌当地为例，工厂停工，老板因为欠薪跑路的事件时常发生，这从当地的工业用电数据就能看出来，2015年9月份，义乌当地GDP增长9.3%，而工业用电的增长却是负5%左右。

有形的小商品市场受到冲击，取而代之的是电商的无形市场。目前，义乌成为国内最大的网络商品供应基地，全国75%的日用百货类网货直接或间接来自义乌。

来自义乌“集散街”的信息也显示，2016年的“双11”，义乌电商成交额46.8亿元，累计订单数近3800万单（其中内贸订单3500万单）。在阿里巴巴公布的全国区域消费排行中，义乌位居全国县市第二名。

不仅如此，2015年阿里巴巴公布的“淘宝村”，义乌入围6个。省商务厅公布的2015年一季度网络零售额超1000万元的行政村名单，义乌入围13个，占全省的36%；超250万元的，义乌入围18个。仅青岩刘村就有电商店3200余家，产值共计40多亿元。

电商的发展，同时带动了物流、网络、包装、招工以及第三产业，都形成了集聚效应，在淘宝村的周围，快递公司以及小饭店、文印店、广告公司和包装箱、胶带供应商等围绕电子商务的配套产业都在这里兴起。

十、大企业的纵向一体化发展战略

从实践上来看，现代大企业、大集团的发展壮大几乎都经历了轰轰烈烈的纵向扩张阶段：进入20世纪20年代以来，美国爆发了以纵向并购为特征的第二次并购浪潮；20世纪50—70年代美国汽车制造行业的纵向一体化热潮，成就了福特、通用等汽车制造商的领导地位。然而近些年来，传统的纵向一体化组织方式不断受到挑战，加工组装工业纷纷将原来内化的非核心业务外包出去，呈现出打破完全纵向一体化组织，向纵向协作组织和专业化组织形态发展的新特点。20世纪80年代以后，受日本汽车制造商的影响，北美和欧洲的汽车制造业出现了一股反纵向一体化的势头；在 IT业，反一体化的风潮也在兴起：IBM先后将硬盘业务卖给日立，将 PC业务卖给联想，不断剥离硬件部分，专注于服务、软件领域的转型；就连专业技术性较强的制药业，也将经营战略从传统的注重纵向一体化转向注重突出核心竞争力、外包和战略联盟的综合考虑。总的来说，20世纪，企业的纵向一体化战略呈现出先扬后抑的发展态势。

进入21世纪，随着科技、政治、经济的不断发展，企业面临的外部环境也发生了巨大的变化，在一些资源垄断型行业，纵向一体化战略又重新受到极大关注。例如国内钢铁行业的龙头老大宝钢近年来积极延伸上下游产业链，目前已拥有了海外矿山股权、海运船队、码头港口，以及烧结、焦化、炼铁、炼钢、轧钢等产业环节，进一步奠定了其钢铁产业龙头老大的地位。

在中国经济跨越40万亿元GDP之后，经济的微观主体已经得到了很大程度的发展，在世界500强企业中，中国企业日益呈现出强劲的发展势头。由此，企业经营的纵向一体化也成为明显的发展趋势，而这对于义乌市场的挑战是显而易见的。

众所周知，只有在规模相对较小时，由于资金实力不足，市场营销人才匮乏，较多地选择依托专业市场来营建市场销售体系，对专业市场具有较强的依附性，这也是义乌市场“买全球、卖全球”的根基所在。相反，只要企业规模扩大到一定程度，则必然要通过各种方式把交易内部化，即组建自己的销售网络，达到比专业市场更节省交易成本的结果。也就是说，随着企业规模的不断扩大，一体化程度也在不断提高，原本由专业市场建构的销售网络必然内部化，最后反过来异化成为竞争的力量。在这方面，以奥康为代表的浙江省一批自成体系的专业加盟店的销售体系，就构成了义乌中国小商品城为代表的专业市场的巨大竞争。

十一、奥康的一体化经营模式

浙江奥康鞋业股份有限公司是中国领先的零售服务运营商，创建于1988年。皮鞋—皮凉鞋品牌是浙江省著名商标，浙江名牌，中国真皮皮鞋行业标志性品牌，而且是上市公司，高新技术企业。

经过将近30年的发展，奥康现已成为中国最大的民营制鞋企业之一，是北京2008年奥运会皮具产品供应商，奥康品牌价值达147.85亿元。根据国家统计局公布的信息，企业连续四年位列中国工业行业效益十佳企业第一位。公司于2012年4月26日在上海证券交易所A股主板正式挂牌上市。

公司建立了两大研发中心、二大制造基地、5000多个营销网点，拥有奥康、康龙、美丽佳人、红火鸟四个自有品牌，并于2010年成功收购了意大利品牌万利威德（valleverde）的大中华区品牌所有权，形成了纵向一体化的经营模式。

根据奥康公司2015年的财务年报，其实体门店的数量如下表所示。

表5-2　2015年奥康公司的实体门店数量　　（单位：个）

类型		2014年年末	2015 年新开	2015 年关闭	2015年年末
直营	集合店	154	161	9	306
	单品店	1055	82	212	925
	小计	1209	243	221	1231
经销	集合店	57	45		102
	单品店	1629	152	202	1579
	小计	1686	197	202	1681
合计		2895	440	423	2912

图5-5　奥康公司的实体门店

这将近3000个实体门店（5000多个营销网点）在国内的分布情况为：

表5–3 2015年奥康公司的实体门店分布情况 （单位：个）

区域	直营	经销	合计
东北		167	167
东南	333	230	563
华北	52	406	458
华东	389	151	540
华南	44	165	209
华中	328	179	507
西北		172	172
西南	85	211	296
合计	1231	1681	2912

奥康公司2015年的年报还表明，2013 年以来，为加强对终端的控制力，公司逐步提高直营模式占比，并着手根据店铺的经营业绩及品牌发展重心对原有网路的结构和数量进行优化调整。具体表现为：

第一，针对“低效益店、小型店、单品牌店”，通过“扩、并、改”的方式合理布局集合店。截至报告期末，集合店累计达到408 家，且基本涵盖奥康、康龙、红火鸟等自有品牌。

第二，公司协助经销商对辖区店铺进行梳理，对无形象、无销售、无利润的“三无店铺”进行重点调整，减少门店数量，提高门店质量，同时鼓励经销商开设集合店，从而提升盈利能力。

通过上述网络结构调整，公司终端盈利能力得到提升，2015年连续开业12个月以上直营门店平均年度营业收入为135.02万元，比上年同期增长1.44%。换句话说，直营和经销是奥康公司的两条基本的营销路径，其并不包含义乌国际商贸城这种专业市场的销售路径。

十二、大型百货零售企业的迎面阻击

中国百货特别是大型百货经过了相当一段时间的调整、置换、磨合过程，可以说现在已初步走出了困境，进入了比较成熟的阶段。它的标志是：

第一，从去年500个中国百货企业来考虑，它的销售额比社会商品零售额高4个百分点。1992年到1996年是百货业发展的鼎盛时期，销售额比社会零售额的增幅高五到六个百分点。1997、1998年已进入低谷，它的运行低于社会零售额的增幅。1999、2000年出现了持平的状态。2001年已高出4个百分点，也就是说已经从低谷走了出来，这是很好的迹象。

第二，从规模来看，大型零售业的规模在不断增大。比如，1990年的时候，全国大型百货前100强平均销售额才1.9亿元；而2015年，上10亿元的已经达到了53家，比2014年多了20家。规模在扩大，说明了百货业在不断发展。

第三，从2015年整个情况来看，盈利企业在增加。2001年在500强当中，盈利单位348个，占69.9%，比2000年增加了8.9个百分点；亏损单位104个，占20.8%，比2000年缩小了4个百分点，效益在逐步增加。

第四，规模、效率、优势体现出来了。百货企业前100强的平均盈利水平为2.57%，高于500强平均盈利水平的56%，前100强当中亏损的仅有3个企业，这说明整个规模扩大，规模优势得到了充分发挥。

这些数字反映出，百货业虽然竞争很激烈，但经过调整、置换、充实与提高，整个行业已经走出低谷，逐步进入成熟节段。

零售业的革命浪潮把大企业纵向一体化的进程向前推进了一大步，对专业市场的发展造成了前所未有的冲击。随着居民消费偏好的改变、服务业的对外开放和国有商业改革步伐的加快，以连锁、仓储等新型零售业的不断涌现为标志，零售业革命又在另一个角度上造成了专业市场的“批发危机”。以沃尔玛为代表的大型零售企业的发展切割了专业市场的发展空间，是这个方面的一个典型案例。

十三、电子商务市场发展的巨大冲击

就义乌国际商贸城来说，电子商务的“野蛮发展”所造成的冲击无疑是巨大的，甚至是致命的。

义乌国际商贸城有一句非常流行的广告语：买全球，卖全球。确实，义乌国际商贸城目前拥有400余万平方米的营业面积，6.8万个商位，从业人员20万人，日客流量20万人次。来自世界各地的10

万余家生产企业包括 6000余个知名品牌在这里常年展示16个大类、4202个种类、33217个细类、170万个单品。所有这些数据都从不同的角度指明一个重要的事实，即义乌国际商贸城（事实上也包括浙江省所有的专业市场）在本质上是一种现场的、即时的交易体系，也即批发市场。

义乌国际商贸城充分地显现了大型专业市场这种现场即时交易的批发性质所具有的制度优越性。从理论上来说，一个市场越大，交易的商品种类越多，特别是共同交易的人数越多，那么交易双方为寻找对方所需的搜寻成本也就越低，平均到单个商品中甚至可以忽略不计。也正是因为这样一个巨大的制度优势，义乌国际商贸城在过去的30多年里得到了近乎“疯狂”的成长，截至2016年，其年成交总额已经突破800多亿元，为义乌带来巨额的经济收益。

但是随着互联网时代的到来，电子商务成为以义乌国际商贸城为核心代表的即时批发市场最为强劲的竞争对手。因为即时批发市场最大的优越性在于交易双方搜寻成本的降低，但是不管怎么说，专业市场毕竟还是要专门到市场中去寻找搜索，由此也才使得义乌具有了20多万人的日流量的市场优势，也由此在很大程度上带动了义乌市第三产业的迅猛发展。

然而传统专业市场，即以“三现”（现金、现货、现场）或“两现”（现场、现货）交易为主要特征的有形市场，其主要功能是集散信息和达成交易，它要求交易各方必须亲临现场，为此需要投入大量财力、物力、人力，建设相应的场馆并做好日常维护、管理工作。受人们作息时间的影响，传统专业市场的交易时间一般限定为某一时段，由于信息不对称和传递不畅，容易导致价格欺诈和假冒伪劣行为。此外，交易过程中往往采取现金、现货的方式，严重影响了交易安全、限制了交易规模、增加了交易成本。而电子商务作为一种新兴的交易方式，其虚拟化、网络化的特点可以消除对场地的依赖，省却大量投资，并能突破时间的限制；其信息传递可以瞬间实现，借助现代搜索引擎技术，能够使参与交易各方在极短的时间内寻找到所需信息，且可智能化分类显示，提供个性化精准服务。其信息发布、宣传成本也远低于传统广告方式，借助电子化签约、结算等，可以极大地扩大交易规模，避免现金交易的安全问题。

电子商务较之传统专业市场具有的诸多优势，促使其不断向有形市场渗透，使传统的交易体制、交易规则、交易习惯等发生巨大变化，极大地促进国内区域间和国际经贸往来的繁荣，加快经济全球化和区域一体化的进程。随着我国社会信用环境的提升、相关法律法规的健全、网络信息技术的成熟、现代物流配送体系的完善，包括洽谈、签约、结算、托运、报关、纳税等全部商务活动电子化、网络化的真正意义上的电子商务必将在我国实现“井喷式”发展，其强大的信息集散和交易功能无疑会对我国部分专业市场形成巨大冲击，出现“替代效应”。当然，并非所有的商品交易都适宜在网上进行，在相当长的时期内，传统的商务方式和实体市场仍有其存在价值。但可以肯定的是，电子商务在整个现代流通业态包括专业市场交易中的地位和作用必将日益突出。因此，对于那些能够及早认识到电子商务发展的意义，积极推进自身信息化改造，实现与电子商务相融、联动发展的专业市场而言，其两项主要功能——信息集散和交易功能，将会借助电子商务模式得到极大的创新、提升，甚至发生革命性的变化，从而实现新的跨越。

因此，相对于互联网体系，传统的专业市场的所有优势在互联网体系中几乎都不值一提了，因为互联网一个强大的技术优势就是可以坐在家里通过鼠标的点击而实现原本要到现场去才能解决的问题，甚至速度更快，目标也更加准确、更加全面。也就是说，专业市场的优势只是在很大程度上降低了交易成本，但是在互联网上，这个交易成本甚至就是零。

也正是因为如此，互联网市场在最近几年内得到了迅猛的发展。根据相关报道，2010年，中国网络购物年交易额就已经超过5000亿元。在线零售商中，淘宝商城以300亿元交易额居首，京东商城以102亿元居第二，卓越亚马逊则以30亿元居第三。其中淘宝网注册用户达到 3.7亿户，在线商品数达到8亿多种，单日交易额峰值达到19.5亿元，分别超过北京、上海、广州三地社会消费品单日零售额。特别值得注意的是，淘宝商城2010年B2C业务年交易额翻了4倍，而且在未来几年也仍将保持这一增长速度。特别值得一提的是，在2013年11月11日的电子商务狂欢节中，阿里巴巴公司的淘宝和天猫两个在线支付系统，一天的成交额就高达350亿元。

正是在电子商务市场这种迅雷不及掩耳的攻势面前，以义乌国际商贸城为代表的，原本一直顺风顺水发展的专业市场一下子陷入了前所未有的被动局面。

十四、电商决战双十一，天猫、京东再破纪录

随着互联网的纵深发展，网购成为越来越多的人生活中必不可少的一部分，尤其是“双十一电商购物节”作为电商造节的代表性节日，已然成为全国消费者的一场“买买买”电商大战总动员。2015年的双十一不再是天猫的独角戏，各大电商平台包括京东、一号店、唯品会等都相应地推出了自己的双十一活动。2015年的双十一已经过去了，但是庞大的交易额和不断的纪录刷新仍给人一次又一次的震撼，下面就看看在全世界“剁手党”的努力之下，天猫、京东的交易额突破了哪些纪录。

2009年，淘宝商城开始在11月11日“光棍节”举办促销活动，最早的出发点只是想做一个属于淘宝商城的节日，让大家能够记住淘宝商城，结果没想到，从此一发不可收拾。从11月11日零点开始，天猫的总交易额就在不断刷新。1分钟破10亿元，3分钟破30亿元，12分钟破100亿元，10个小时破500亿元，破纪录的节奏如坐火箭。值得注意的是，天猫2013年用时13个小时破了2012年全天的191亿元纪

录，2014年用时12小时59分钟破了2013年全天的350亿元纪录，2015年用时11个小时49分钟破了2014年的全天571亿元纪录。卖家的销售额也纷纷突破历史纪录，小米再次成为销售冠军，海尔、华为、优衣库、骆驼、品胜、汇美集团等著名品牌的销售额也早早破亿元。今年，支付宝再次承受巨大压力，最高时交易峰值达到8.59万笔/秒，是2015年双十一峰值3.85万笔/秒的2.23倍。而截至11日17时55分，根据菜鸟网络给出的数据，天猫已产生超过3.6亿个物流订单。

双十一购物节，京东商城10小时订单量超过1000万单，同比增长180%。此外，京东商城35分钟实现京东白条交易额突破1亿元，超过2015年双十一全天京东白条交易额。京东方面称，来自移动端（包括京东移动客户端、京东微信购物和京东手机QQ购物等在内）的订单量增长迅速，订单占比突破70%。

第六章

义乌商贸城的未来发展

尽管存在着诸多的问题，但是基于中国经济未来发展的总体乐观预期，特别是基于义乌过去30年发展所积累的经济基础和社会基础，以及制度的先发优势所蕴含的发展空间，义乌国际商贸城的未来发展应当是十分乐观的。当然，为了达到这种乐观的未来发展，在目前必须积极地采取一系列的政策和措施，从而保障发展目标的顺利实现。

一、内贸与外贸相结合

1978年改革开放伊始至1996年，中国的日用消费品供求在总体上处于卖方市场状态，商品供应按计划执行。专业市场的诞生，冲破了计划经济体制下国营单位对商品流通渠道的控制，迎合了民营中小企业对低成本商品流通渠道的强烈需求，缓解了短缺经济时代人民群众日益膨胀的对消费品的巨大需求与产品供给不足、流通不畅之间的矛盾。

义乌小商品市场的诞生和兴起有利于解决上述矛盾，因此得以迅猛发展。到1997年年底，中国不仅大部分消费品供过于求，而且许多投资品甚至基础产品也供过于求。一些行业出现生产相对过剩，进入了买方市场时代。

在国内市场接近饱和的情况下，积极开拓国际市场，成为众多中小企业拓展生存空间的必然选择。由于中国较之发达国家更为低廉的生产成本和较之其他发展中国家与地区更为高效的生产能力，使以日用消费品为主要销售对象的义乌小商品市场，因其所具有的强大市场拓展力和产品种类的丰富性，自然成为无力自建营销网络、更缺乏国际市场开拓能力的国内众多中小企业与国际采购商共享的低成本交易平台。正是在这一背景下，义乌市场逐步实现了国际化。实际上，义乌在此过程中也实现了以外贸出口的发展对产业结构调整的替代，因此，尽管义乌产业结构以传统劳动密集型为主，却保持了持续繁荣态势。

然而，必须看到，随着全球经济一体化的不断推进和商品、服务贸易的日益繁荣，在“要素均等化效应”的作用下，国内外生产要素价格的差距将逐步缩小，国内企业的生产成本优势逐渐削弱，因此如果不创新竞争方式，仍然采取当前的数量、价格竞争策略，外贸出口形势必将日趋严峻。与此同时，近年来，我国外汇储备快速增长，其实质是以廉价的商品换取价值不确定的纸币，随时面临贬值的可能，而这牺牲的则是广大人民群众的福利。

当然，这是特定历史条件下出现的结果。今后，随着科学发展观的进一步落实和国家经济发展质量的提升，外贸进口市场空间将被激发，充足的外汇储备保证了相对质优价廉的产品、服务进口的能力，将使国民享受到外贸进口所带来的“福利溢出效应”。因此，义乌小商品市场应顺应上述发展趋势，利用已有的连通全球的商脉网络资源，大力发展进口贸易，争取成为国际商品、服务进入中国市场的商港——“义乌港”。

此外，近年来，由于要素价格不断上涨、宏观调控趋紧，尤其是实行最严格的土地政策和从紧的货币政策后，使投资对经济发展的拉动力受到抑制。在外贸出口、投资形势趋紧的情势下，消费在拉动经济发展中的地位显得尤为重要。目前，世界许多发达国家经济发展的动力主要源于消费，例如消费对美国经济增长的贡献度超过了60%。中国巨大的消费市场是世界市场的重要组成部分，境外工商企业正纷纷抢滩中国市场，此时，我们决不能忽视、更不能放弃国内市场。

对于义乌市场而言，拥有国际化背景的优势条件，积累了较多的国际化经营经验，对国际商贸规则、惯例等也更为熟知，在开展品牌竞争、标准竞争等方面更具知识储备优势。今后，应该结合进口贸易商港的建设，发挥国际货源优势，进一步大力挖掘和开拓国内市场，从而实现内贸与外贸平衡协调发展。

二、会展与贸易相结合

专业市场虽然为众多中小企业提供了低成本的共享式销售平台，但目前也面临着经济全球化的挑战和电子商务、现代物流、连锁经营等现代营销方式的强大竞争压力，原有的规模优势、低成本优势正在逐步弱化。

会展作为中国21世纪区域经济发展中产业和贸易空间集聚的一种新形式，将推动专业市场进入以“功能创新、转型和重组”为主旋律的新成长阶段。展览会作为一种集中展示推介、洽谈下单、签约销售的展销平台，与专业市场固定场地、固定商位、常年洽谈销售的模式相比，交易成本更为低廉，可以节省大量支出，尤其可节省经常性的场地照明、供水、供热支出以及卫生、安全等维护支出，管理人员的薪资支出，等等，并能在短时间内集聚大量的人气、商气、财气，尤其是能够吸引、聚集众多国内甚至国际品牌厂家。大批的知名品牌、资源通过展会汇聚一起，有利于扩大与之紧密联系的当地专业市场以及整个城市在国内外的知名度和影响力。

而一个城市要想成功举办展会，必须具备一定的影响力和知名度，并与其他地区发生广泛的商业往来，只有这样，才能吸引众多生产商、采购商等参与展会。专业市场形成、发展过程中所培育和构筑的商脉网络为展会的举办提供了重要的商业资源基础条件，大量往来于专业市场的客商是展会的重要参与者，并能带来大批其他参展商和采购商。展会一般都需要大面积的举办场地，建设独立的展览馆投入大，而展会又往往是短期的。因此，如果没有足够多的各类展会支撑，展览馆的利用率将比较低，甚至会出现长期闲置的状况。

而如果依托专业市场现有的商业基础设施举办展会，就能大大降低成本，从而吸引更多国内外供应商和采购商参展，并有利于交易的达成。由于市场细分、专业化趋势日益突出，展会也随之专业化，专业市场在专业化上所具有的优势符合展会的发展趋势和要求，因此“市而优则展”成为一种发展趋向。通过常态市场与动态展会相结合，一方面，展会可以借力市场内商家的固定客户；另一方面，展会又为市场带来了众多新客户，从而实现资源整合，利益互动，优势互补。

作为一个内陆县级市，义乌并不具备发展会展业的先天优势，但其后发优势却较为明显，这就是全球最大的小商品批发市场和遍布世界的商贸经销网络，以及由此所带来的巨大商流、物流、资金流和信息流。同时，义乌改革开放过程中形成的十六大优势行业、十大国家级产业基地，为会展经济发展提供了强大的产业支撑。

目前，义乌已形成了以“义博会”为龙头，文博会、五金电器、化妆品、玩具展等品牌展会为支撑，每年固定举办50多个专业展会的会展业发展格局，走出了一条“以贸兴展、以展促贸”的会展业发展新路子。

对于义乌市场而言，通过举办上述国际性或全国性展会，取得了诸多方面的良好效应。

1. 有利于突破国际化过程中的制度与非制度障碍，实现与国际规范市场体系的对接，形成统一、规范的市场规则、惯例和经济秩序。举办上述大型展会，必须得到参与各方的支持与协助，为规范来自不同国家、地区客商的经济活动，展会在举办过程中形成了一系列惯例和规则，从而使义乌市场进一步与国际惯例接轨，市场秩序更加规范化。

2. 有利于与市场紧密相连的产业结构调整，对发展外向型产业起到引导和推动作用。上述国际性展会通过吸引不同国家、地区的客商参展，增进相互交流与合作，传递供求信息，提高进出口贸易和资本跨国界流动的规模与速度，从而促进与义乌市场相伴的本地产业的结构调整。

3. 有利于加深与其他国家、地区之间的分工与合作，密切彼此的经济联系。展会的举办能够吸引国际范围内的生产商和采购商，有利于加快义乌市场接轨国际和融入世界市场的步伐，增强义乌与其他国家、地区在产业分工协作等方面的合作，密切经济往来。

进入新世纪以来，随着经营规模、形态、功能和国际化进程的提升，义乌市场已不仅仅是商品集散和交易场所，其信息的集聚和传递、展示、洽谈功能日益增强，并不断向生产领域和终端销售领域扩张延伸。未来，义乌市场的发展将进一步与会展业互动、融合，新兴的“展贸”业态将获得极大发展。

三、电子商务与有形市场相结合

市场制度演化的规律是一种市场制度不断被另一种交易成本更低的市场制度所替代。随着信息技术的发展和因特网的普及，尤其是电子商务的出现，专业市场面临更加开放的信息流和商流，与电子商务相互融合、联动发展，成为专业市场转型、提升的重要途径。与专业市场这一有形平台相比，电子商务将商务活动的空间从现实生活延伸到互联网络，冲破了时间和空间的限制，能够以更低的成本、更高的效率完成交易，从而使传统的交易体制、交易规则、交易规模、交易习惯等发生巨大变化，极大地促进国内区域间和国际经贸往来的繁荣，加快了经济全球化和区域一体化的进程。

对于义乌市场而言，电子商务的出现和发展为其提供了诸多利好。

1. 进一步扩展市场辐射范围。电子商务所构建的网上无形市场具有无限可扩展性，它将大大突破有形市场传统辐射范围的地理空间和交易时间限制，使具备较好国际化基础的义乌市场进一步扩大国际影响力，加快国际化进程。

2. 进一步降低交易成本。借助互联网进行信息传递的成本远远低于信件、电话、传真等其他方式，可以节省90%的文件处理费用。买方能够在较短时间内寻找到性价比较高的产品，从而大幅降低搜寻所需产品的各类支出（如交通费、住宿费、通信费、人员工资等）；卖方可以降低销售费用、广告费用等，并能获得更多（包括世界各地的）客户，从而减少商品库存积压量，降低库存成本和商业风险。可见，电子商务交易方式的运用将使义乌市场的交易成本优势更加凸显。

3. 提高交易效率。借助于互联网络，交易过程中所涉及的许多商业文书能够在世界各地实现瞬间传递，原料采购、商品销售、银行汇兑、保险办理、海关申报等过程都可在无人干预的情况下快速完成，并且最大限度地减少人为因素所导致的延误，极大地提高整个交易过程的效率。买方可以在纷繁复杂、规模庞大的商品信息集里快速搜寻到所需商品，卖方可以变现实的“坐商”为虚拟的“行商”，主动“出击”寻找商品买家，更快地达成交易。

4．推动物流业发展。电子商务的快速发展必须解决商品交割问题，即快速、低成本、高质量、安全地将货物从某一地运送到另一地，这就要求高度发达的现代物流网络与之相配套。尽管目前有邮政速递等一些快件公司承担第三方物流公司的角色，但它们所提供的主要是物流系统中的单项配送服务，且费用较高，难以满足企业高效率、低成本运作的需要。而义乌市场发展过程中逐步培育、完善的联托运市场已具备现代物流的雏形，为构建发达的现代物流配送网络奠定了坚实的基础，它也是义乌市场开展电子商务的一大优势。

未来，义乌市场的信息集散和交易功能将有可能主要或完全借助电子商务方式实现。但由于义乌市场规模巨大、商品种类繁多，功能差异性较强，交易难以标准化，加之其产品展示、物流配送、旅游休闲、文化传播、产品创新、品牌培育等功能日益强化，这是电子商务交易模式所难以包揽的。因此，将电子商务交易方式纳入市场功能体系内部，实现有形市场与无形市场相结合，或许将成为义乌市场发展的终极形态。由于义乌市场的信息化基础条件、市场信用环境、配套服务设施等都比较好，市场内经营户的素质和水平相对较高；其中许多公司化经营的商户，已具备了较好的开展电子商务交易的条件。因此，借助电子商务模式，义乌市场的交易功能将得到极大的创新、提升，甚至发生革命性的变化。

四、美国传统零售业何以抵挡亚马逊的冲击[①]

对于零售业来说，沃尔玛是一座无法逾越的高山，其营业额占到了美国零售额的近十分之一。从2002到2014年的12年间，沃尔玛先后9次荣登《财富》世界500强榜首。2002年，沃尔玛第一次以2198亿美元的营业额摘得《财富》世界500强桂冠，这是商业历史上第一次一家服务类公司拔得头筹。

图6-1　沃尔玛的门店

这并不是偶然的，而是不可阻挡的趋势。可以说，以沃尔玛营

① 陈歆磊．美国传统零售业何以抵挡亚马逊的冲击．财经杂志．

业额第一次超过埃克森美孚、超过通用汽车为标志，零售业第一次从制造业手中接过美国经济增长的头把交椅，美国经济也由此完成了一次结构性转型。根据美国商务部的资料，美国零售业的年销售额近5万亿美元，占经济总量的1/3。其他发达国家的年零售额也有数万亿美元之巨。

零售业正在经历一场脱胎换骨的改造。一方面，零售额达到前所未有的水平；另一方面，传统零售商也面临诸多挑战，其中之一，便是在应对互联网的崛起时显得措手不及。2014年，美国在线零售额历史性地超过3000亿美元，手机购物占到电子购物总金额的13%，这也是有史以来的最高水平。与此同时，一家来自中国的公司阿里巴巴创造了迄今为止全球IPO融资额的最高纪录，其平台上完成的商品成交总额超过亚马逊和eBay之和，高达1.68万亿元。

20多年前，管理学大师彼得·德鲁克就指出："发达国家经济的权力正在迅速地从制造商转移到分销商和零售商。"对今天的中国来说，寻找经济转型的突破口，寻找经济权力的新霸主，零售业应该当仁不让。

零售业正在步入一个全新的时代。无缝体验、全渠道销售、交叉营销，这些近期被美国零售界人士频频挂在嘴边的词汇让人感受到零售业跳动的脉搏。从某种意义上说，没有一个行业，中国企业与美国企业在如此短的时间里如此势均力敌；没有一个行业，像零售业这样利薄如纸却又高度竞争。

同美国传统零售商相比，面对横扫一切的电商的冲击，中国传统零售商显得更加步履蹒跚、更加力不从心。身处生死攸关的十字路口，中国零售业急需行动的勇气和正面迎击对手的胆识。但是，先天不足的缺陷和政府监管的滞后，是制约中国传统零售商突出重围的两大因素。

美国传统零售业何以抵挡亚马逊的冲击

根据德勤与中国连锁协会的报道，2013年，中国连锁百强总体销售规模虽然历史性地突破2万亿元。但增幅仅为9.9%，创下了有连锁百强统计以来的最低纪录。零售百强销售额占社会消费品零售总额的比重也从2009年的11.1%下降到2013年的8.6%。与此同时，中国零售业以3000亿美元的规模成为全球第一大网络零售市场，网络零售额占社会消费总额约10%。从规模上看，短短几年时间，阿里巴巴、京东等少数几家电商的网络零售额已经和连锁百强分庭抗礼。

探究中国零售业为何一败涂地，我们不妨看看美国零售业的历史。当以沃尔玛为代表的折扣零售商席卷美国的时候，业界也曾感叹其对美国经济的影响，不亚于19世纪铁路之于美国经济。和今天的阿里巴巴一样，当年沃尔玛最大的杀伤力也在于拉低了平均零售价格。以沃尔玛为代表的零售业将过去难以想象的大包装、低价格和便利性提供给消费者，终结了当时占主流的百货业经营理念。

亚马逊的崛起让美国零售业明显感受到了以亚马逊为代表的电商的冲击，几乎可以说有招架之功无还手之力。直到2013年，传统零售商才开始真正有所行动。那一年，沃尔玛网上销售额的增速十年来第一次超过亚马逊。据华尔街的估算，沃尔玛2014财年网上销售额预计增长30%，从100亿美元增长到130亿美元，而亚马逊的增速为20%，增幅为145亿美元。

美国传统零售商没有像中国这样溃不成军，最重要的原因，在于过去几十年中，美国零售行业经过了充分整合，拥有相当的规模、广度和密度。这三个维度上的竞争彻底重塑了美国零售业，让它在不知不觉中成为美国经济命脉中举足轻重的一分子。

从总店数和销售额来看，1977年，美国39家最大的折扣连锁店占据折扣店总店数的49.3%，占销售总额的41.4%。到了20年之后的1997年，30家最大的连锁店控制了总店数和销售额的约94%。今天，排名前20的零售商几乎占据80%的市场份额。

图6-2　沃尔玛门店内场景

沃尔玛曾经一度因为其深入小镇、无所不在而被讽刺为“21世纪资本主义的脸孔”（face of twenty-first-century-capitalism）。这张面孔有多么无处不在呢？一份学术界经常引用的数据表明，截至2005年年底，46%的美国人生活在距离最近的沃尔玛或者山姆会员店5英里之内，88%的人生活在15英里之内。沃尔玛的雇员占美国全部零售工人的9%。因其业务覆盖如此众多的市场，几乎所有的零售商都与沃尔玛短兵相接，美国67%的零售商分布在距离沃尔玛5英里的距离之内。1987年，沃尔玛的生产效率比大多数商家高出44%，从那时候起，零售业就面临一个严酷的事实，要么迎头赶上，要么扫地出门。

在经历了几十年的洗礼后，美国零售业形成了今天的格局。全球100家最大的零售商，年收入总和超过2.8万亿美元。他们分属16个国家，其中美国占了36家。零售业还是主要的就业领域，仅美国就有2500万人受雇于传统型零售店。约占总劳动人口的1/6，但该数据仍然低估了零售业的实际就业人数。经过充分整合的美国零售业，因其规模、广度和密度上的完整性，没有给电商太多乘虚而入的机会。而且，传统零售商在迎接数字化浪潮时显得毫不犹豫，美国前十大B2C商户中，有7家是老牌实体零售商。

纵观美国零售业的历史可以发现，零售业的发展具有明显的阶段性特征：从本地起家并扩张成为地区性零售商之后，零售业最终会整合成为由少数几家全国性零售商所把持的格局。参照发达经济体的演变轨迹，我们可以发现，中国零售业还没有来得及进行充分整合，还没有诞生真正意义上的全国性零售巨头，还停留在地区性阶段，就遭到了来势汹汹的电商的冲击。在中国，按品类划分的前五大零售商市场份额不足20%，远低于美国可比品类24%~60%的水平。

零售业正在发生翻天覆地的改变，传统零售商如果不能参与其中，终将会被淘汰。只有不断尝试着做出与众不同的事情，不断自我训练以更深入地了解零售业，才能让自己立于不败之地。这个道理在美国适用，在中国也不例外。

五、集聚与辐射相结合

义乌以小商品市场为纽带，通过提供共享式交易平台和开展来料加工这两种主要方式，将国内外众多的小商品生产者和贸易商联系在一起。它通过产业链的前后向延伸，以及跨区域、跨产业的互动发展，使相关主体之间的经济联系具有更为丰富的表现形式，不仅有商品贸易的联系，还有产业分工、协作，物流、金融及其他配套服务等多种联系形式。因此，一些在地理位置上距离义乌较远的地区（例如衢州市、丽水市、江西上饶市）由于认识到义乌市场对本地经济的拉动作用，很早便提出“接轨义乌”之类的发展思路，它们与义乌市场联系的紧密程度可能要比一些距离义乌较近的市县区更高。可见，义乌市场集聚与辐射能力的强弱、范围的大小受地理位置、距离等因素的影响较小，在很大程度上取决于其与外部其他地区之间经济内在联系的紧密度。

义乌以市场为核心竞争力对周边地区提供了巨大的商务支持，周边地区则依托市场分工发展制造业，成为义乌市场的巨大产业支撑，两者互补共荣、互促共进。今后，义乌应更加重视优化经济环境，加强区域合作，跳出义乌发展义乌，放眼世界发展义乌，开拓更为广阔的发展天地。

为此，一要大力推进专业市场的提升，增强市场的国际竞争力。在市场的组织形态、交易方式、管理模式等方面大胆创新，进一步与国际接轨，加快国际化进程；把握现代服务业发展趋势，以市场的持续繁荣带动会展、物流、金融、购物旅游等现代服务业加快发展，努力将义乌市场建设成为商品交易成本最低、信用最好、信息最灵、手段最新、服务最佳的国际性小商品流通、制造、信息、研发中心。

二要全力推进产业结构升级，为把义乌建设成国际商贸名城提供强大支撑。以产业带建设为载体，以培育特色产业和规模企业为重点，走信息化带动的新型工业化道路；依靠科技、人力、体制、管理等的自主创新，形成推动经济社会发展的持久动力，用高新技术和先进适用技术改造提升传统产业，积极发展新兴创新型产业；推动产业结构由劳动密集型、资源密集型向资本、技术、智力密集型转变。

三要奋力推进城市国际化，加快城市现代化发展步伐。借鉴世界著名的国际性城市的成功做法，从基础设施、生态环境、文化氛围、创业环境、科技教育、体育卫生等方面入手，高标准修编城市总体规划，高质量创建生态城市。大力发展多元文化，努力培育城市文明，积极建设新型移民城市，培养造就国际化时代的“新义乌人”。逐步将义乌建设成为与现代化、信息化时代要求相适应的国际商贸名城，并以此吸引更多的国内外优势、高端资源集聚，尤其是大批高素质、拥有国际化背景、创新意识和创新能力强的人才，从而提高义乌市场的持续发展和对外辐射能力。

六、义乌市场向“全球小商品贸易中心”转变[①]

2015年，义乌中国小商品城交出了一份不错的成绩单：全年成交额为982.21亿元，同比增长14.59%，继续领跑全国各大专业市场。

新年伊始，人们对义乌市场发展充满期待。但也有人心存疑虑：2016年1月，我国外贸进出口延续了2015年同比下降的严峻趋势，经济外向度非常高的义乌市场，2016年全年的成交额能否继续保持稳步增长的态势？在新的一年里，在推动义乌市场成交额稳步增长方面，义乌商城集团有哪些具体举措？

近年来，我国电子商务风起云涌。在义乌，电子商务也呈现出迅猛发展的态势。据统计，2015年义乌市电子商务实现交易额1511

① 何百林. 义乌市场向“全球小商品贸易中心”转变. 金华日报，2016-02-29.

亿元，同比增长31%。在加快线上线下融合发展方面，2016年，义乌商城集团有哪些具体举措？

最近两年，随着我国乃至全球物流业的快速发展，一些区域性实体市场的影响力受到不同程度的削弱。义乌是市场大市，促进市场持续繁荣是义乌城市发展的重中之重。2016年以及今后一个时期，义乌商城集团如何确保义乌市场在行业中的盟主地位？在确保义乌市场持续繁荣方面，义乌商城集团有哪些具体举措和设想？

在接受记者采访时，义乌商城集团副总经理胡衍虎表示，尽管2016年义乌市场面临一定的压力，但他对义乌市场的发展前景依然充满信心。夯实贸易服务功能、促进义乌市场可持续繁荣是2016年的重中之重。面对错综复杂的国内外经济形势，商城集团将聚焦“主动力”，力争在市场创新方面取得新突破，从“全球最大小商品批发市场”向“全球小商品贸易中心”转变。

在加快线上线下融合发展方面，2016年，义乌市场将依托义乌购在电子商务方面的优势，继续坚持线上线下融合发展的战略，全力打造全球B2B（商家对商家）商贸龙头。

为确保义乌市场持续繁荣，2016年，商城集团采取一系列措施，在科技创新、优化服务、金融支持、进口转口贸易、线上线下融合发展、义乌市场“走出去”战略、市场品牌建设、完善义乌系市场网络等诸多方面打出一系列“组合拳”。

七、国际会展中心

经济全球化使中国经济与世界经济日益融合，作为连接生产和流通最直接形式的会展业正随着我国经济的快速增长而迅猛发展。会展业作为新兴的朝阳行业，正成为我国商贸服务业中增长最快、前景最好的行业之一，它对房地产业、交通业、旅游业、酒店业、餐饮业、广告业等相关产业都具有巨大的带动作用，对商务中心知名度和核心竞争力的提升尤为重要。可以说，一个区域的商务中心如果没有发达的会展业，那么这个中心就是不完整的。伴随着义乌小商品市场国际化进程的加快，义乌会展业应运而生并迅速崛起，已经成为全市经济发展的一个重要增长点。会展业不仅促进了义乌经济发展和城市建设，提高了义乌对区域经济国际化的承载能力，而且顺理成章地成为形成“义乌商圈”的一个重要标志。事实上，会展经济已成为义乌建设浙中商务中心和国际性商贸城市的一种必然选择。

义乌作为一个区域性的中心城市，要发展具有国际水准的会展业，当然有一定难度，但会展的国际化水平并非仅仅是由城市规模所决定的。一个有一定经济实力的城市，只要在某一方面具有国际性优势，都有可能办成国际水平的展会。一般认为，国内外会展中心城市大体可分为以下三种类型：一是具有综合优势的城市，即经济发达、金融贸易集中的地区，如纽约、法兰克福等欧美国家的多数会展名城；二是具有旅游优势的城市，即有鲜明地方特色、令世人向往的地区，如日内瓦、新加坡、香港、拉斯维加斯、杭州等；三是具有某种产业优势的城市，即某一项或某几项产业颇具世界影响力的地区，如底特律的汽车、科隆的五金刀具等。与国内外其他城市相比，义乌小商品市场资源丰富，商贸流通业发达，是全球最大的小商品市场所在地，可以说这是发展会展业得天独厚的条件。以义乌小商品市场为强大的依托，自20世纪90年代中期开始，从无到有，从小到大，得到了快速发展。并且，在政府的政策引导下，义乌会展业在发展初期就确定了向国际化、专业化、多样化、定期化方向迈进的目标。

2005年，“义博会”以“小商品、新生活”为主题，面向世界，吸引了来自20多个国家以及国内25个省、市（自治区）的1700家企业参展，设展位3000个，分10大展区。展出商品以小商品为主，特色鲜明，深受采购商欢迎；参展企业以制造企业为主，对买家具有很强吸引力；参展商的标准和层次明显提升，其中境外企业270家，省级以上知名企业53家，国家驰名商标企业18家，知名企业参展比例超过30%；采购商数量大幅增加，参展目的多元化，更多的是收集市场信息，国内国外采购商回头率高达70%以上；展会布展水平和服务能力提高较快，70%的客商表示非常满意或满意；买卖双方获得大量商机，成交额达80.98亿元。通过各种展览、会议、活动，宣传新义乌，提升商贸流通产业，促进对外开放，实现了经贸、科技、文化、旅游的全面发展。其中“山海协作展区”以沟通经济发达地区与欠发达地区、开辟共同富裕的渠道为宗旨，参展企业达217家，分别来自金华、衢州、丽水、舟山等地，设展位261个，共成功地签下了34个协作项目，总金额达3.24亿元人民币，涉及工业、商贸、旅游、来料加工、劳务合作等多个领域。可以说，一年一度的“义博会”作为义乌的一个品牌，对加强与浙江中西部地区各市、县、区的合作交流，促进浙中商务中心的建设和“义乌商圈”的形成与发展，起到很大的促进作用。

与此同时，实现了办展与办会的互动，2004年，全市共举办展会24个。2005年，举办展会和活动28个。已先后承办了中国市长年会、财富论坛等50多个国际、国家级会议。以会议提升展会的档次和专业性，以展会增强会议的内涵和效果，两者相得益彰。如今，在“义博会”的带动下，五金、玩具、饰品、文体用品等一批专业展会相继兴起，形成了品牌展会与中小展会互动的格局，达到了相当的规模，取得了较好的经济社会效益。其中，玩具展、五金展、饰品展、文体用品展、工艺品展等一批固定性展会已逐步成为义乌会展业的支撑项目。独特的市场办展优势，也吸引了上海、杭州、苏州、深圳、南京等地专业展览公司的眼球，它们纷纷抢滩义乌，目前，全市已拥有展览公司17家，其中本地展览公司11家。

今后，义乌会展业的发展仍然要坚持国际化、专业化、多样化、定期化的方向。“义博会”虽已居全国三大商业品牌展会之一，被评价为最具规模、最有影响、最富成效的小商品专业展会，但其规模、档次、国际化水平等与广交会尚不可同日而语，其中，每个展位的平均境外贸易机会（参观人数除以展位数），广交会为7.2个，“义博会”仅5.8个，差距明显。广交会还有一个优势是拥有大量品牌展馆，这是“义博会”的另一个弱项。但“义博会”也有自己的优势：一是有浙江轻工制造企业强大的产业支撑；参加“义博会”的企业，99%是制造商，属于源头采购，成本较低。二是“义博会”的展期处于每年秋季广交会的换展期，形成了错时发展，“在广交会看样，到义乌下单”是很多外商的首选。三是参加“义博会”对采购商来说既能参展又能看市场。因此，今后“义博会”必须充分发挥自身优势，同时学习国内外知名展会的先进经验，尤其是要紧紧抓住国际化这一重点，吸引更多国内外知名品牌企业和产品参展。与此同时，要充分利用好场地、知名度等资源条件，适时兴办新的专业展会，借助“义博会”的品牌优势，吸引更多国内外大型展会落户义乌，在“十三五”期间，形成以“义博会”为龙头，10~20个大中型的品牌会展为支撑，50~100个中小型会展为基础的会展业格局。

八、义乌展会连连撬动产业大蛋糕[①]

（一）多个重要展会接踵而至

有人说，春天的义乌是展会的季节。

① 何百林. 义乌展会连连撬动产业大蛋糕.

2016年4月下旬，义乌迎来两场重要展会：2016中国义乌进口商品博览会（简称进口商品博览会）和第八届中国国际旅游商品博览会（简称旅博会）。

继4月成功举办2016中国国际电子商务博览会、2016世界电子商务大会、第11届中国（义乌）文化产品交易会等多个展会之后，义乌又迎来进口商品博览会、第八届旅博会等重要展会，义乌已进入一年中的展会季节。

图6-3　义乌展会连连撬动产业大蛋糕

进口商品博览会的举办时间为2016年5月13日至16日。本届博览会致力于打造中国进口日用消费品展会第一品牌，涵盖进口家居用品、进口食品酒类及保健品、进口服饰及配件、进口工艺品饰品、跨境电商及国际贸易服务商等5个类别。展会设标准展位2100个，展览面积5万平方米，有1500多家企业参展。展品来自100多个国家和地区，品种达10万余种，预计有超过10万人次的采购商前来参会采购。

第八届旅博会的举办时间为2016年5月24日至27日，由国家旅游局和浙江省人民政府共同主办，是义乌市四大国家级展会之一。目前，旅博会的相关招商招展工作正在有序进行。

在此之前的一个多月时间里，义乌已先后举办了2016中国国际电子商务博览会、2016世界电子商务大会、第11届中国（义乌）文化产品交易会等多个重要展会。

其中，2016中国国际电子商务博览会共设国际标准展位2551个，展览面积超过5万平方米，有来自10个国家及国内15个省市的1185家企业参展，汇集了国内外电子商务行业的领军企业和业界精英。本届博览会吸引了27个国家和地区的196个组团11.7万人次参观，同比增长15.08%；现场达成合作意向4.3万个，同比增长13.6%。

第11届中国（义乌）文化产品交易会共设国际标准展位3360个，展览面积6万平方米，吸引了来自美国、韩国、南非等15个国家及国内19个省市的1300家单位和企业参展，集中展示了最前沿的文化产业成果。据统计，共有93个国家和地区的11.7万名境内外采购商及观众参会，其中境外采购商5837名，贸易团队44个；实现洽谈交易额52.04亿元，同比增长2.7%。

（二）会展业成为义乌新名片

让人印象深刻的不仅仅是一组组令业界刮目相看的数据。

在2016年4月举行的2016中国国际电子商务博览会上，记者遇到了来自陕西省宝鸡市的电商张琼杰。张琼杰和朋友一起开了一家网店，专卖擀面皮、锅盔馍、香辣子等宝鸡特色小吃。此次到义乌参展，张琼杰希望寻找合作伙伴，将宝鸡特色小吃卖到浙江，这是他第一次到义乌参展。在3天时间里，有上百名客户表达了想跟张琼杰合作的意愿。为此，张琼杰专门为这些客户新建了一个微信群。截至5月6日，入群的合作伙伴已达132人，大大超出张琼杰的参展预期。张琼杰说，以后有机会，他还会到义乌参展。

对义乌展会充满期待的还有义乌的酒店、餐饮等行业。2016年5月5日，义乌伊美广场酒店销售部的王翀告诉记者，由于地处义乌城区中心、交通便利，伊美广场酒店一直受到外地参展客商的青睐。没有展会的时候，酒店平均每天的入住率为70%左右。一到展会期间，酒店260多个房间就会全部住满，甚至经常出现一房难求的局面。

记者从义乌市有关方面了解到，每到展会期间，义乌市各星级酒店都会出现客房爆满的情况，酒店、餐饮、交通、广告等相关行业也成为义乌会展业的直接受益者。

义乌市旅游与会展管理委员会党组成员童端鹰告诉记者，2015年，义乌市共举办各类展会活动132个。其中，经贸性展览36个，展览面积74.5万平方米，参展企业1.3万家，展位3.2万个，参展和观展人数达154.95万人次，累计实现贸易成交额360.53亿元，同比增速明显。2016年，义乌市计划举办经贸类展览30个以上，展览面积70万平方米以上，其中展览面积超过1万平方米的展览项目15个以上。

由于在会展业方面的突出业绩，义乌市先后被评为中国十佳优秀会展城市、中国会展最具办展幸福感城市，义博会、旅博会、森博会、电商博览会、进口商品博览会分别荣获中国十大政府主导型展览会大奖、中国十佳品牌专业展会、中国十大影响力展览会大奖等荣誉称号。在引领产业转型升级和推动市场持续繁荣方面，义乌会展业发挥了积极作用。

“从全省情况看，义乌市的会展业影响力仅次于宁波和杭州；在全国的县级城市中，义乌市的会展综合实力处于前列。会展业已成为义乌市新的城市名片。”童端鹰说。

（三）义乌会展业加快转型步伐

在我国，会展业是一个新兴服务行业，国内一些城市仍把会展业作为支柱产业进行培育。但近年来，随着各类现代通信工具的快速发展及电子商务的迅猛崛起，传统展会的功能有逐渐被弱化的趋势，有人因此担忧传统会展业会逐渐退出历史舞台。对于展会数量众多的义乌市来说，该如何应对这一挑战？

义乌中国小商品城展览有限公司是商城集团下属全资子公司，近年来，先后承担了义博会、森博会、五金博览会、进口商品博览会等多个重点展会的运营任务。在公司总经理郑向军看来，现代通信工具和电子商务的确会对传统展会产生一定影响，但只要加快转型升级步伐，传统展会仍然具有旺盛生命力。

据郑向军介绍，2016年4月，公司主动进行内部调整，将同属商城集团的义博会展览公司和义乌国际博览中心揽入怀中，整合成新的义乌中国小商品城展览有限公司。通过此次调整，可以对集团公司的会展资源进行重新整合和优化配置。同时，结合新公司的机制体制改革，有效降低运行成本，提高员工的创业创新积极性，增强公司的活力和竞争力。

童端鹰告诉记者，目前，义乌市在加快展会转型方面采取了创新引领、市场化运作、线上线下融合、展览与会议结合、政策扶持等一系列有效措施，取得了明显成效。比如，在政策扶持方面，为引导义乌会展业加快转型，义乌市政府出台了促进会展业健康发展的扶持政策。“十二五”期间，义乌市共有41个会展项目获得义乌市财政扶持，补助总金额达2000多万元。“十三五”期间，义乌将重点培育和引进健康、时尚、现代物流等新兴产业专业展会。

浙江师范大学经管学院教授、浙中区域经济研究所常务副所长曹荣庆认为，展会经济是义乌实体市场对冲电商经济的有效手段和方式，要从义乌实体市场可持续发展的高度来认识义乌会展业。展会期间，采购商和供应商之间可以面对面地进行交流，具有电话、视频等现代交流方式不可比拟的优势。另外，不少展会期间，主办方及相关机构会集中发布一些所在行业、领域的最前沿信息，具有风向标的引领作用。因此，传统展会短期内不会退出舞台。

“经过多年培育，义乌市会展业已积累了丰富的经验，具有较高的知名度。但与北京、上海、广州、深圳等会展业发达城市相比，义乌市会展业还有一定差距。今后，义乌会展业要更多地融入‘互联网+’的新元素，加快优秀会展人才的储备和引进，主动整合各类会展资源，推动义乌会展业健康、可持续发展。”曹荣庆说。

九、区域经济总部

“总部经济”是指某一区域由于特有的资源优势或通过创造各种有利条件，吸引跨国公司和外埠大型企业集团总部或地区总部入驻，通过极化效应和扩散效应，吸引上述总部在本区域集群布局，并采取各种形式，在成本较低的地区建立生产基地，形成较为合理的价值链分工，使企业价值链与区域资源实现最优空间耦合。由于“总部经济”的发展，在总部集中的区域通常能够吸引更多的人才、资本、信息等创新要素向该区域流动，从而在价值链分工中占据“高端”地位，获取较高的利润回报，同时提升本区域的产业水平，扩大本地区经济总量，增强区域经济竞争能力。因此，“总部经济”的发展，是商务中心的一个重要标志。

从中短期来看，义乌还无法像上海、杭州、宁波那样吸引大批量、高层次的企业总部，所以主要应将目光放在对省内外，尤其是浙江中西部地区民营企业总部的吸引上。可以预见，随着经济体制改革的进一步推进，民营企业将迎来新一轮大发展的良好机遇。在未来全省乃至全国的区域竞争中，谁能为民营企业的发展提供较好的平台，谁就将占领经济和产业发展的高地。

从浙江中西部地区的实际情况看，一方面，众多民营企业经过多年的发展，目前已经进入了二次创业阶段，下一轮产业层次和管理水平的提高迫在眉睫，而这两个提高都离不开足够的外部信息提供和人才资源的支持，而义乌正好可以提供这样一个平台；另一方面，从产业层次看，目前，浙江中西部地区民营企业的资本规模或生产规模都相对较小，绝大部分还没有实力进入上海、杭州、宁波等大都市CBD，而商务成本相对较低的义乌在信息、金融、人才、物流、技术等方面则能满足浙江中西部民营企业对CBD的现实需求。义乌正在不断成长，这些企业也将在义乌这一平台上进一步发展，这是互动共赢的。

事实上，经过改革开放20多年来的努力，义乌已出现了国内外企业建立区域总部的发展趋势。在义乌小商品市场内，大经销商、大采购商和名牌商品三大主体纷至沓来，厂家直销比例达56%，知名品牌总代理、总经销商达6000多家。因此，从中长期来看，义乌完全可以凭借自己所拥有的市场优势，吸引全省、全国知名企业乃至全球跨国公司总部入驻，实现与上海、杭州、宁波等城市优势互补，共同形成全国性、国际性的CBD网络。

十、区域金融中心

随着市场经济的进一步深化与发展，金融在国民经济中的地位日渐上升，作用明显增大，区域经济与区域金融互为条件、密不可分。高效的金融支撑是区域经济持续健康快速发展的重要动力之一，建设区域金融中心已经成为城市之间、区域之间经济竞争的一项重要内容。

金融中心一般是指资金扩散、融通、调节的中心。区域金融中心作为区域金融资源的集散中心，是中心城市功能进一步提升的必然结果。一般而言，区域金融中心的形成要有三个基本条件：一是经济的聚集地；二是金融机构和金融人才的聚集地；三是信息的聚集地。义乌目前已经拥有较强的区域金融竞争能力、资金供给和需求能力，以及比较完善的金融组织体系。在与浙江中西部地区其他城市的比较中，义乌建设区域金融中心具有明显的优势。

与区域金融需求相适应，义乌建设区域金融中心的目标是：以建设融资中心、中小企业融资中心、农业发展融资中心、投融资中心和再融资中心为主体；集金融产业中心、金融市场中心和金融监管中心于一体；以本市及周边县市区为核心，辐射浙江中西部地区，多层次、共生型的综合性区域金融服务中心。义乌区域金融中心的形成不但需要时间，而且离不开经济、贸易发展的支持，为此，必须从以下三方面着手。

1. 进一步提高义乌的经济实力以及对周边地区的辐射能力。金融中心的建立与发展离不开高度发达、具有很强外部经济效应的产业结构。义乌要成为区域金融中心，就必须依托小商品市场，优化产业结构，提高经济运行质量，增强城市综合经济实力。

2. 建立以政府诚信、效率为核心的完善的社会信用体系。市场经济是信用经济、效率经济，良好的社会信用和较高的效率是建立规范的市场经济秩序的保证，也是建设区域性金融中心的必备条件。从信用、效率结构看，政府的信用、效率是关键和示范，没有良好的政府信用、效率，就不可能建立起良好的社会信用、效率系统。因此，要建立区域性金融中心，就必须建立健全社会信用体系，而首当其冲的是建设一个更讲诚信、更高效率的政府，进一步提高政府的诚信度和执行力度。

3. 加强金融基础设施和人才建设。建设区域金融中心，加强金融基础设施建设是前提，制度建设是保证。只有建立完备的金融基础设施，健全完善的金融制度，创造良好的社会金融秩序，才能积极化解和防范金融风险，提高金融业管理的规范化水平，保证金融中心的健康运转。根据目前义乌市产业经济及金融市场的发展状况，必须加快以商业银行为主体的货币市场的发展，积极吸引股份制银行、外资银行和各类金融机构到义乌建网布点，逐步建立起以国有商业银行为龙头，股份制商业银行为主体，中小型民营银行为补充的银行体系；逐步建立健全保险市场及以其他非银行金融机构为服务和中介的、完整的现代金融服务业中心。培养、引进一批高水平的金融专业人才，为金融中心的建设提供具有核心意义的金融人力资本。

目前，浙江中西部地区与东部沿海发达地区的一个重要差距就是金融体系不够完善。义乌应以相对发达的区域金融为基础，吸引国内外各类金融机构入驻，成为金融机构健全、辐射力较强的金融密集区；反过来进一步强化资金吸纳能力，提高配置效益，最终把义乌建成浙中金融中心。

十一、区域信息中心

一直以来，科技研发能力是义乌大多数企业的薄弱环节。一方面，由于义乌主导优势产业以传统产业为主，许多企业从家庭式作坊起步，普遍对技术积累、技术学习不够重视，也不愿意承担技术研发的巨大风险；另一方面，全市尚未建立起一个完善的科技创新环境、公正公平的商业信用环境。企业长期依靠技术引进，包括原始创新、集成创新、引进消化吸收再创新在内的自主创新能力严重不足。因此，许多行业呈现“低、小、散”的局面，在国际产业链条中只能处于中低端。

义乌在向国际性商贸城市迈进的今天，要想建成浙中商务中心（CBD），就必须痛下决心，解决好技术研发问题；否则，整个义乌经济就会如同 “没有肌肉的巨人”一样，大而不强，难以承担引领区域经济发展的重任。因此，未来义乌在自主创新方面的重点：一是大力实施人才强市战略，鼓励各类创新；二是集中力量，选择若干产业的共性技术、关键环节，开展合力攻关；三是加快建设鼓励创造、公平公正的创新创业环境，树立更加良好的形象，吸引更多国内外优秀企业来义乌投资创业。

在促使国内外现代大都市CBD空前繁荣的诸多因素中，人才是具有决定性作用的因素。几乎所有大都市的CBD中，都聚集了数以万计的熟悉国内外市场、掌握国际贸易和金融规则，深谙辐射地区市场的高级经贸、经济、管理等人才。同时，还有一大批懂外语、熟悉相关行业主要技术和产品的工程师，以及熟练的技术工人。

义乌经济的发展已经走过了资本的原始积累阶段，但是更为重要的技术和人才的短缺问题却仍较严重，首当其冲的是企业家和市场经营者的素质亟待提高；尤其是科学家、金融专家、高级管理人才、工程技术研发人员严重不足。

为此，首先，企业必须“走出去，引进来”相结合，不能只坐等外商来采购，而要主动面向国际市场，大力引进各方面的人才和先进的经营理念；其次，实施“新义乌人”战略，广纳贤才，留住人才。义乌只有60多万本地人，即使全部经商，也只不过60多万。因此，应该敞开海纳百川的胸怀，热诚对待每一位来义乌创业、工作的人才，使他们接受和创新义乌文化，成为“新义乌人”，而非仅仅是在义乌经商务工的外地人。

一般而言，CBD都是国际国内经济的接合点，因而信息量十分巨大，各类信息库、数据库、信息网络在这里联结、交汇、聚集和积累，进而使CBD的信息功能不断巩固与强化。信息化为义乌小商品市场注入了新的活力，使商品市场再次步入稳步发展期。随着区域一体化和国际化水平的提高，强大的市场集聚功能和深广的辐射范围，使得义乌的商务活动规模不断扩大，有关信息量也随之急剧上升，这就对发挥市场的信息服务功能提出了更高的要求，尤其是要有更多专业技术人员、市场信息人员以及相关技术。

当前，在义乌，虽然以电脑网络技术为卖点的网络公司已如雨后春笋般应运而生，提供相关的网络技术和咨询服务，但是仅靠现有的网络公司还难以充分地把握企业的现状，不能真正替企业实现信息化排忧解难。未来信息化的重点是在整合相关信息资源的基础之上，提高企业利用信息的能力。此外，还要继续发挥全球最大的小商品市场在掌握和发布信息上的先天优势，进一步拓展区域服务范围和领域，不断培育和加强浙中商务中心（CBD）的信息中心功能。